生き方入門

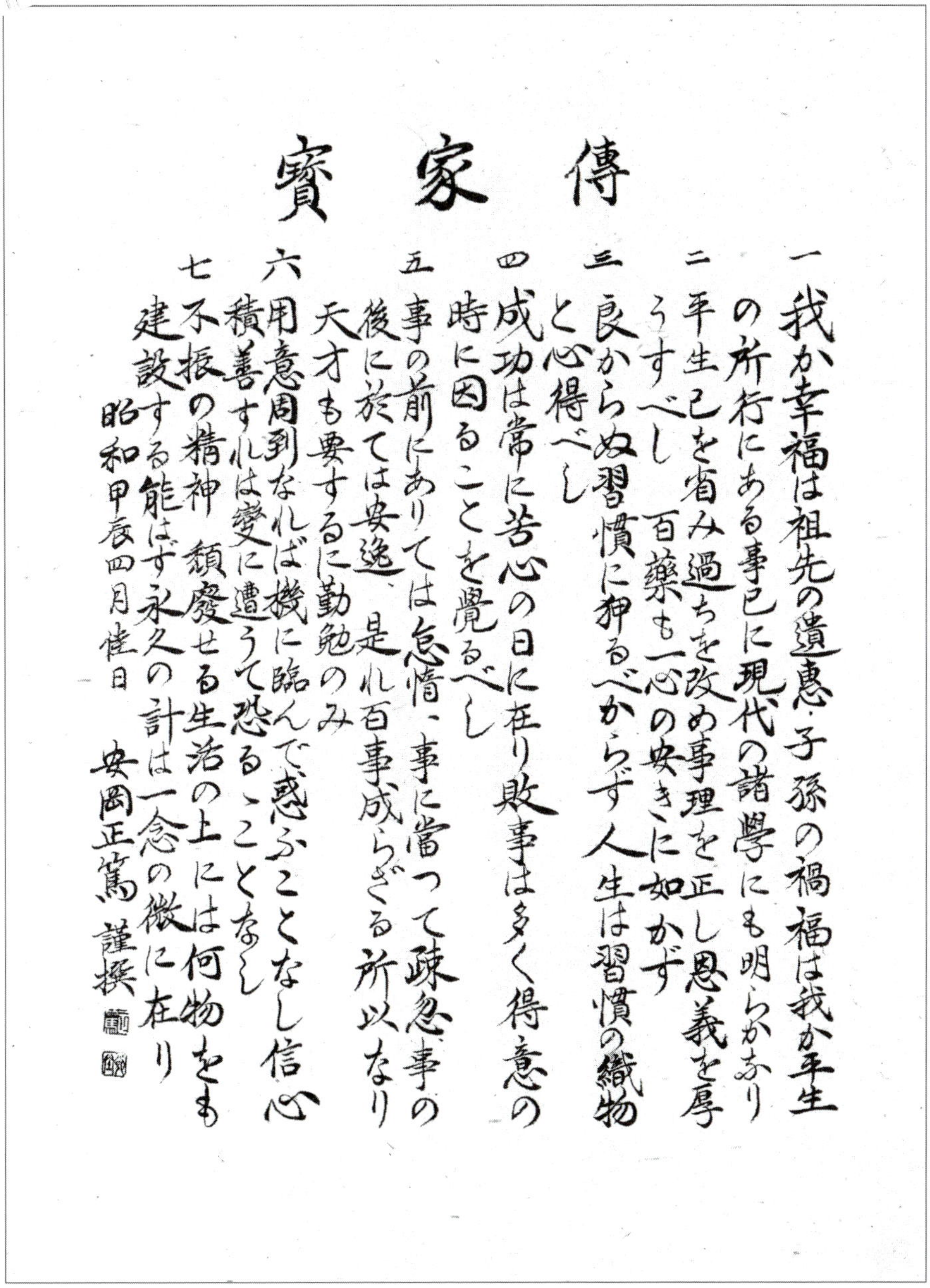
傳家寶

一 我か幸福は祖先の遺恵、子孫の禍福は我か平生の所行にある事已に現代の諸學にも明らかなり

二 平生己を省み過ちを改め事理を正し恩義を厚うすべし 百薬も一心の安きに如かず

三 良からぬ習慣に狎るべからず人生は習慣の織物と心得べし

四 成功は常に苦心の日に在り敗事は多く得意の時に因ることを覺るべし

五 事の前にありては怠惰、事に當つて疎忽事の後に於ては安逸、是れ百事成らざる所以なり 天才も要するに勤勉のみ

六 用意周到なれば機に臨んで惑ふことなし信心積善すれば變に遭うて恐るゝことなし

七 不振の精神 頽廢せる生活の上には何物をも建設する能はず永久の計は一念の微に在り

昭和甲辰四月佳日 安岡正篤謹撰

「傳家寶《でんかほう》」安岡 正篤・書

致知出版社

「生き方入門」――発刊に寄せて

一人の人間が生まれるためには二人の両親がいます。その両親が生まれるためには、それぞれの両親が必要です。その数を数えていくと、二代で四人、三代で八人、四代では一六人になります。

このようにして私たちの命の起源をさかのぼっていくと、二〇代では一〇四万八五七六人、二五代では三三五五万四四三二人、三〇代では一〇億七三七四万一八二四人という膨大《ぼうだい》な人数になります。さらに五〇代、六〇代とさかのぼれば、その数は天文学的な数字となります。

このような膨大な数の祖先の命の炎が連綿《れんめん》と続いてきて、いま私たちはここにいます。祖先のうち、もし一人でも欠けていたなら、あるいはどこかでその組み合わせが変わっていたとしたら、私たちはここに存在していません。

命の炎が一回も途切れることなく続いてきたからこそ、私たちはいま、この世に生きている。そう考えてみれば、人は皆、奇跡のような命を生きているといってもいいかもしれません。

このような奇跡の命を賜《たまわ》った私たちは、いったいどのように生きていけばいいのでしょうか。二人の先哲の言葉があります。

まず森信三先生です。森先生は「人は皆、一個の天真《てんしん》を宿して生まれてくる」といっています。天真とは、天がその人だけに与えた真実です。その天真に気づき、それを発揮させていくことがこの世に生を受けたすべての人に課せられた使命だ、と言っています。

また安岡正篤先生は「一燈照隅《いっとうしょうぐう》」と言いました。これは、一人ひとりがそれぞれ一燈となって一隅を照らして生きなさい、という教えです。

一隅を照らすとはどういうことでしょうか。

安岡先生の書物に長く親しんできて、最近、安岡先生の言われる「一燈照隅」には二つの意味があると思うようになりました。一つは、自分の周りを自分がいることによって照らすということ。もう一つは、「自分自身という場」を照らす、ということです。

そもそも自分とは何か。考えてみると、自分の身体で自分が作ったものなど一つもありません。全部、天地宇宙から与えられたもの、言い換えれば借りたものです。心もまた然《しか》りです。借りたものはいずれ時が来れば返さなければなりません。ならば、天地宇宙から借りている自分という場をまず照らさなければならない。自分という場を照らさずして、自分のいる場を照らすことはできません。自分という場をまず照らし、そしてその自分をもって周囲を照らす光になれ、一隅を照らすとはそのことを言っているのだと思います。

では、天真を発揮し、一隅を照らして生きるためにはどうすればいいのでしょうか――。それを共に学びたいというのが、本書を出版したゆえんです。

ここに登場する幾多《いくた》の先達《せんだつ》は、まさに天真を発揮し、一隅を照らして生きてきた方たち、そしていまもそのようにして旺盛《おうせい》な人生を生きておられる方たちです。こうした先達の生き方から私たちが学べることはいくつもあるはずです。そのような先達の言葉に自らの生き方を照らすことにより、自らの人生を見つめ直していくことができるのではないかと思うのです。

本書を通して自らの心を照らし、自分に与えられた天真を輝かせ、周りを照らして生きてゆこうとする人の一人でも多くあらんことを祈ってやみません。

なお、本書は人間学誌『致知』に掲載させていただいたものを再編集したものです。再編集にあたり、ご協力をいただいた先生方にこの場をお借りして心より感謝と御礼を申し上げます。

平成二十九年十一月吉日

監修・発行人　記す

生き方入門

何のために生きるのか

生き方入門

目次

「生き方入門」——発刊に寄せて　2

対談　何のために生きるのか
稲盛和夫　京セラ名誉会長
五木寛之　作家　8

ワンポイント　偉人の生き方に学ぶ①　本居宣長「恩頼図」
吉田悦之　本居宣長記念館館長　26

対談　成功への光へと歩み続けて　～こうして未来をひらいてきた～
奥田政行　地場イタリアン「アル・ケッチァーノ」オーナーシェフ
笠原将弘　日本料理「賛否両論」店主　28

ワンポイント　偉人の生き方に学ぶ②　安田善次郎「身家盛衰循環図系」
安田　弘　安田不動産顧問　42

本気で向き合えば可能性は開ける
井村雅代　シンクロナイズドスイミング日本代表ヘッドコーチ　44

ワンポイント　感動秘話①　お母さんから命のバトンタッチ
鎌田　實　諏訪中央病院名誉院長　54

幸田露伴が教える運を引き寄せる要訣
渡部昇一　上智大学名誉教授　56

ワンポイント　感動秘話②　マザー・テレサと松下幸之助の教え
上甲　晃　志ネットワーク「青年塾」代表　62

対談　人生はあなたに絶望していない
柳澤桂子　生命科学者
永田勝太郎　公益財団法人国際全人医療研究所代表幹事　64

対談　相田みつをの残した言葉
相田一人　相田みつを美術館館長
横田南嶺　臨済宗円覚寺派管長　78

インタビュー　怒濤の人生〜かく乗り越えん〜
尾車浩一　日本相撲協会巡業部部長・理事　92

後から来る者たちへのメッセージ
鍵山秀三郎　日本を美しくする会相談役　イエローハット創業者　102

対談　人生を成功に導くもの
山中伸弥　京都大学iPS細胞研究所所長
兒玉圭司　スヴェンソン会長　114

【先哲の語録に学ぶ生き方の知恵】
①　東洋思想家　安岡正篤　76
②　哲学者　森　信三　90
③　仏教詩人　坂村真民　100
④　京都大学元総長　平澤　興　112

※肩書きは『致知』掲載当時のものです。

◎写真／石山貴美子、上田和則、坂本泰士、戸澤裕司、野上透、村越元

対談【1】

何のために

稲盛和夫

京セラ名誉会長

（対談写真はいずれも石山貴美子）

いなもり・かずお――昭和7年鹿児島県生まれ。鹿児島大学工学部卒業。34年京都セラミック株式会社（現・京セラ）を設立。社長、会長を経て、平成9年より名誉会長。昭和59年には第二電電（現・KDDI）を設立、会長に就任、平成13年より最高顧問。22年には日本航空会長に就任し、代表取締役会長を経て、25年名誉会長、27年より名誉顧問。昭和59年に稲盛財団を設立し、「京都賞」を創設。毎年、人類社会の進歩発展に功績のあった方々を顕彰している。また、若手経営者のための経営塾「盛和塾」の塾長として、後進の育成に心血を注ぐ。著書に『人生と経営』『「成功」と「失敗」の法則』『成功の要諦』、五木寛之氏との共著に『何のために生きるのか』（いずれも致知出版社）などがある。

魂の波長が合う人

稲盛　五木さんとはきょうが初対面ですが、以前から何か波長が合いそうな感じがしていて、お目にかかるのを楽しみにしていたのですよ。いろんな方にお会いする中で、理屈抜きに親しみを感じて話が合ったりする方がいらっしゃるでしょう。何か魂が似ているとでも申しましょうか……。私はそういう方を自分で勝手に〝ソウルメイト〟とお呼びしているのです。

五木　ほう、ソウルメイトですか。

稲盛　人間が輪廻《りんね》転生《てんしょう》を繰り返すと仮定すれば、前世でかつてお互いに同じようなことに関心を持つ仲間であった。だからこそ、現世で理屈抜きに親しみを感じたり、話が合ったりするということがあるのではないか、と私は考えるのです。きょうは五木さんに、そのへんのことについていろいろとお聞きしてみたいと思ってまいったのですよ。

生きるのか

同じ昭和の七年に生まれ、片や経営者として、片や作家として、
異なる道を歩んでこられた稲盛氏と五木氏。
道こそ異なれども、生と死に向き合うその真摯な姿勢には共通するものがある。
お二人の歩み、そして死生観を存分に語り合っていただき、
人は何のために生きるのか、考えてみたい。

五木　いや、びっくりしました。それは、僕がここのところずっと考え続けてきたことと一緒です。そのことをテーマにいま一冊の本を書き上げたばかりなのです。

稲盛　そうでしたか。

五木　たかが物書きがこんなことを言い出すのもちょっと照れくさいのですが、この頃どうも自分の命とか魂とか、そういう根元的なものに対する関心が非常に深くなってきているのです。例えば仏教にしても、カルチュアとしての仏教をさらに超えて、仏教の奥にあるものとか、人間としてのブッダとか、一番始原のところへ自分の興味が及んでいて、あまり深入りしてしまうと戻れなくなるのではないかと、ふっと考えたりするのですが。

稲盛　私は常々、本当にいい経営を持続していこうと思えば、心を清らかに、より純化した状態にしていかなければいけないと考えていましてね。いかに美しい思い、

五木 寛之

作家

いつき・ひろゆき——昭和7年福岡県生まれ。25年早稲田大学文学部露文科中退後、放送作家などを経て41年『蒼ざめた馬を見よ』で直木賞を受賞。以後、『青春の門』『朱鷺の墓』『戒厳令の夜』など数々のミリオンセラーを生む。56年より休筆、京都の龍谷大学で仏教史を学び、60年から執筆を再開。小説のほか、音楽、美術、歴史、仏教など多岐にわたる文明批評的活動が注目されている。『大河の一滴』（幻冬舎文庫）『他力』（講談社文庫）など著書多数。

私は常々、本当にいい経営を持続していこうと思えば、心を清らかに、より純化した状態にしていかなければいけないと考えています。

稲盛

美しい行為をもって商いをするか、という命題を、そういう私の考えに賛同してくれる仲間とともに追究しているのです。

　しかし、心の純化が経営においても大切だという話をしても、一切受け付けない人もいます。そういう人に、一緒に学びましょう、といくら手を差し伸べても、耳を傾けてくれないのです。

　一方、そういう話の通じ合う仲間には、そのようなことも以心伝心となり、よく、「われわれは似たもの同士だな。お互いの魂が持っている波動というか、波長が合うんだよな」ということを言い合うのです。実際、世の中には、すれ違っただけで心の通じ合うような人がいます。例えば、私と一度も会ったこともない若い人なのに、私の本を読んだ瞬間に故郷へ帰ったような気持ちになった、といって手紙をくれたりする人もいるのです。そういうことがあるたびに私は、そういう人とは、やはりかつてどこかで魂の触れ合いを体験したのではないか、というような気がするのです。

情報とは情を報ずること

五木　若い読者が、稲盛さんのご本に共感を抱いて手紙をよこすというのは、書かれている思想とか内容はもちろんですけれども、それより先に、何か心の中に感じるものがあるからだと思うのです。俗にいう〝気が合う〟というか、先ほど〝波動〟という言葉を使われましたが、これはオウム真理教の事件以来、一般には非常に怪《あや》しげなものと思われている言葉ですが、そういうものがまず感じられたからだと思うのです。ですから一冊の本でも、内容をすべて読まなくても、本の表紙を店頭で見ただけで、この本は自分の読むべき本だという感じのすることはよくあるのですね。

稲盛　そうですね。

　一方、顔を見ただけで、また少し話をしただけで、邪《よこしま》な印象を受け、いくら好条件でも、商談を進めることを思い止《とど》まることがあります。

　私は、そのようなことも、人間が自分の思いを発信しているからだと思うのです。だから、同じ思いを発している人と引き合ったり、また異なる思いを発している人と反発したりするのだと思うのです。

五木　そういう感覚は非常に大事なことだと僕は思います。たまたまここへ来る前にプラトンの『饗《きょう》宴《えん》』を拾い読みしていたら、「ハーモニー」という言葉が出ていました。音には合う音と合わない音があって、合う音が共鳴し合うことによって、もう一つの新しい音が生まれてくる。そういうことが人間対人間、あるいは思想対思想の中にもあって、その波長、リズムが共鳴するような、波動の音階があるのではないかと思うのです。

　そういうことは、理論で納得するより感じることだと僕は思うんですね。古来、宇宙との合一とか、自然法爾《じねんほうに》、すなわち、自分が宇宙万物の一部として生み出され、生かされていることを実感して、そのことに感謝する、というようなことがいろいろと言われてきましたが、そういうことは、理論でずっとたどっていって納得するのではなく、普段から自分も自然に感じていた、というようなことってありますよね。

稲盛　ありますね。

五木　僕は、そういう実感を、いまはもっと大事にしなければいけないと思っているんです。

いまは情報があまりに氾濫《はんらん》しているために、自分の実感を情報によって修正していくことがしばしばあります。こんな偉い人がこう言っているし、こんな情報もあるから、自分の思っていたことは間違っているかもしれないと。しかし結局後から、やはり最初に直感的に感じたことのほうが正しかった、というようなことがしばしばあります。

京都の碍子製造会社・松風工業に入社した頃（昭和 30 年）

情報化の時代だなんていわれますが、いまいわれているのは情報ではないと僕は思うんですよ。情報というのは「情を報ずること」だと思うんですね。情というのは人間の感情とか感覚に当たるものです。ですから、数字とか統計とかデータというのは、むしろ情報の下位に属するもので、本当の情報というのは、人間の心の中の感情をきちっと把握してそれを伝えることだと思うんです。

稲盛　同感ですね。

五木　例えば、日露戦争の頃に大本営が情報部員をたくさんシベリアへ派遣して情報を収集させました。彼らが集めてくる情報には、重要な情報、本質的な情報と、低く見られる情報とがあって、敵の兵力、大砲の数、兵馬の数、補給線の様子とか、そういう情報は、必要な情報ではあるけれども、あまり高級な情報とされなかったんですね。

むしろ敵の兵士たちの士気、あるいは敵国の国民がいまどう思っているか、そういう全体の感情を分析して、それをきちんと把握し伝える情報を、最も高度な情報として大事にしたらしいのです。

ですから、クロパトキンが数万の大軍を率いて奉天《ほうてん》にやってくるという時に、敵の兵力はこれだけで、火力はこれだけ。圧倒的な兵力を持っているから日本は負ける。こういう情報は低い情報なんです。

それよりも、敵の兵士を分類してみると、ロシアの兵士はそれほど多くなく、例えば植民地のポーランドから徴兵してきた兵士だとか、周辺の農村部のウクライナとかアルメニアの兵士たちで多く占められていて、忠誠心は大したことはない。また、本国ではロシア革命が進行しつつあって、農村の兵士たちはロシアの皇帝のためにここで命を投げ出して死のうとは思っていない。だから、クロパトキンは名将であり、数万の大軍は大きな兵力ではあるけれども、その士気はさほど高くないから恐るるに足らない。そういう情報こそが真の情報だと僕は思うんですよ。

稲盛　本当におっしゃる通りですね。ただ、私は経営者なものですから、どうしても数字を大事にしますが、その場合も、その数字の背景にある〝ドラマ〟を読み取る必要があるとよく言っています。その意味では、五木さんがおっしゃる「情を報ずる」ということが一番大事になると思います。

情を見直す

五木　戦後、人情とか情緒とか感情とか、そういうことは何か前近代的な、ジメジメ、ベトベトしてよくないものだということで疎外されてきました。逆に、ユーモアとか明るさとか乾いた空間とかということばかりがもてはやされてきたんですね。ですが、もうそろそろ人間の知性と同時に、情というつかみ難いものも、ちゃんと評価すべき時に差し掛かっているのではないか、と僕は思うのです。

稲盛　確かに、戦後日本人は、情の文化より知の文化を大事にしてきました。知の文化は二十世紀に素晴らしい展開を遂げて、物質文明の目覚ましい進展をもたらしましたし、その結果として、科学技術は〝神業〟と呼べるほど高度になりました。一方で、いま五木さんがおっしゃったように、情とか心というものが忘れられてきた。しかし、物質的豊かさを追求する知的な活動も、もともとは心の動きから始まるのだから、本当は心というものをもっと大事にしてこなければならなかったのかもしれません。

五木　そうですね。それと、冒頭に稲盛さんのおっしゃった直感ですね。例えば新たに商談を持ち掛けてきた相手が、非常にしっかりした相手だとしても、どうしても気が進まないということがあるのではないですか。僕は、そういうことを大事にしなきゃいけないと思う時があるんです。

稲盛　インテリであればあるほど、おっしゃったように、なるべく人間性というものを表に出さないように抑えて、論理的に知的に物事を処理していこうとする傾向が強いものですから、情のところで乾ききった人が多いんですね。そういう人に会って、企業経営というのは人間集団を統率して、経済活動を行うことだから、やはり人間の心の動きというのを大事にしなければいけない、というような話をしても、なかなか受け付けてくれないのです。そういう人に出会うと、なんだかかわいそうな気がする時もあります。

五木　世界保健機関が、その憲章の中に、二十一世紀は健康という問題を考える際に、スピリチュアルなものもきちんと盛り込まなければいけないと提唱して、大きな

『青春の門』執筆の頃（昭和49年）。筑豊にて（撮影／野上透）

もうそろそろ人間の知性と同時に、情というつかみ難いものも、ちゃんと評価すべき時に差し掛かっているのではないか、と僕は思うのです。　五木

波紋を呼びました。
　スピリチュアルなもの、霊的なものというものは、どこか怪しいという考え方が常識としてこれまでずっと続いていました。しかし、この頃では世界的な流れとして、人間の心の問題、内面の問題を、例えば経済学にも政治学にも導入していかなければいけないのではないか、というふうに変わってきていると思います。
　ですから、稲盛さんが心の問題をいち早く取り上げて、いろんなことをおっしゃっているというのは、非常に先見的な、新しい傾向だと僕は思います。

タブー視されてきた宗教

五木　それから、日本人の国際化という問題を考えていくと、明治以後ずっとないがしろにされ、あるいは触れてはまずいとされてきたもう一つの問題にぶつかります。それは宗教です。
　本当の国際化というのは、英語ができるとかパソコンができるとかということではなくて、自分はどういう信仰を持っているかという、アイデンティティーだと思うんですよ。
　ところが多くの日本人は、海外でそのことを問われた時に「私は特別にこれといったものは……」と口ごもってしまう。これは向こうの人から見ると、本当に油断のならない不可思議な人だと取られるのではないかと思います。

稲盛　残念ながら、おっしゃる通りですね。

五木　以前、故・小渕恵三氏が総理大臣になった時のインタビューで、自分はこれまでずっと朝日が昇るのを見て拍手《かしわで》を打って拝んでいたが、総理大臣になったからにはそういうこともやめなきゃいかんな、とおっしゃっていました。なんでやめるのだろう（笑）と。
　朝日に向かって拍手を打ち、夕日に向かって合掌する。そういうことをちゃんとやっていてこそ、サミットなんかに行った時に、先進国の首脳から人間扱いされるんですよ。こいつは自己のアイデンティティーを持った人間なんだなと。

稲盛　ビジネスの世界でも、グローバル化が叫ばれる中、形だけ欧米のマネジメントシステムを取り入れるような基軸のない経営に終わることが多いのです。私は、欧米の学ぶべきは取り入れながら、日本人がもともと持っている、高い精神性を真正面から貫き通すことが大切になると思うのです。また、それこそが世界で通じる国際的な経営だと思います。

五木　アメリカの独立宣言を読むと、どれくらい「神」という言葉が使われているか。あるいは大統領が就任する時にバイブルの上に手を置いて誓うとか、裁判の時に証人が「真実のみを語ります」というのは、裁判官に対してでも検察官にでも陪審員にでもなく、あれは後ろに「神に対して」と付いているのです。
　さらに、アメリカの一ドル紙幣に「イン・ゴッド（神の御名《みな》の下に）」という言葉が印刷されていますが、貨幣制度すら神の御名の下にある。

「おかげさんで」という感謝の気持ちは、優れた経営者は必ず持っています。稲盛

アダム・スミスから始まった自由競争の原理は、人間の赴《おもむ》くままにしておけば弱肉強食の修羅《しゅら》の巷《ちまた》になるであろうけれども、そこで見えざる神の御手によってバランスが取られ、破滅まで至らないであろう。だから信じて自由競争に任せろというわけですね。背後に神という、いわば保険がちゃんとあるから自由競争なんですよ。

　そのことを考えますと、カルロス・ゴーンという人が大変ドラスティックなリストラをやっても、申し訳ありませんという顔一つせず、傲然《ごうぜん》と胸を張っていることも頷けます。あの人は熱烈なカトリックだそうですから、市場原理を貫徹することは神のミッションだと思っているのではないでしょうか。ハゲタカファンドなどと言われている外資系企業もありますが、彼らは自分は正しいことをやっている、聖戦を戦っているのだ、利潤を追求するのは悪ではない、神の御心に沿うものであるという気持ちがあるから、胸を張って阿漕《あこぎ》なビジネスをやっていけるわけで、そういう人たちに対して、お金儲けは悪いという気持ちを心の底に持っている日本人は、ちょっと五分に太刀打ちできないと僕は思いますね。

庶民が守り続けてきた宗教

稲盛　確かに、そのような信仰心を、現代の日本人は持ち合わせていません。このように日本人が宗教を軽んじてきたのは、近代に始まったことではなく、ずっと昔からではないかと私は思います。と言いますのは、新渡戸稲造《にとべいなぞう》の『武士道』を読んでみると、明治期にあたり、日本には宗教的なバックグラウンドがないから、それに代わるものとして、欧米人に日本人の精神性を紹介するために、武士道について述べたと書いてあります。つまり江戸時代には既に宗教的倫理とか道徳といったものが希薄になっていたために、代わりに、武士の間で習俗として行われてきたことを整理して、日本人の誇るべき精神規範として、「武士道という素晴らしいものがありますよ」と世界に発信したわけです。

　なぜ、そうなったのか。この国は、国土は狭いのですが、気候や地理的条件に恵まれ、山の幸海の幸など、物質的には非常に豊かでした。また、時には圧政もありましたけれども、鎖国政策により外敵に襲われることもなく、比較的平穏な時代を過ごしてきたのではないでしょうか。ですから神を強く求める必要もなかった。私は、そんな気がするのです。

五木　それはおもしろいご指摘ですね。

　いまのお話に、もう一つの視点を導入するとすれば、日本の大きな大仏殿や立派な寺は、ほとんど鎌倉期までに造られて、仏教はそういう形で貴族階級や支配階級に広く浸透しましたけれども、その後浄土教の法然や親鸞《しんらん》の出現で、地面の中に染み込むように庶民の間に広がっていったのです。

　例えば稲盛さんは鹿児島のご出身ですが、鹿児島に真宗の古寺は

ないでしょう。なぜかというと、島津家が十六世紀から厳しい念仏禁制という法を布いて、一向宗は一切認めなかったために、本願寺系の浄土真宗の人たちは、明治の頃まで約三百年近く地下へ潜《もぐ》ったからですね。その間に、隠れ切支《キリシ》丹《タン》よりもっと激しい殉教の例がたくさんありまして、鹿児島の本願寺別院に行きますと涙石といって、当時拷問《ごうもん》に使われた石が飾ってあります。明治に信仰の自由が回復されて、ようやくそういう人たちが表に現れてくるんですね。

稲盛　そういえば、私がまだ小学校へ行く前ですが、鹿児島市内から四里ほど離れた父の田舎では、まだ隠れ念仏をやっていました。夜、提灯《ちょうちん》を灯《とも》して親に手を引かれて行くのです。道中、声を出したらいかんともいうんです。

五木　ほう。そんなのがまだありましたか。

稲盛　昭和の十年代ですが、ありました。西本願寺もあり、堂々と信仰していいはずなのですが、おそらく昔秘密でやっていた名残《なごり》で、そのまま継承していたのでしょう。小さな山小屋みたいなところへ行きますと、そこの奥まったところに仏壇があって、老人が一人坐って、みんなにお参りさせているのです。私には、明日から朝と晩、お仏壇に向かって「なんまん、なんまん、ありがとう」と必ず言いなさい、それさえすればいいですよと言われました。その場には他に子どもが四、五人来ていたんですが、中には来週また来てくださいと言われている子もいました。

五木　確かに鹿児島から宮崎のほうへ行きますと、「隠れ念仏洞」という洞穴が山の中のあちこちにいまも残っています。東北のほうでは「隠し念仏」といいます。日本全国で貧しい農民たちが、それは悲惨な血と涙の歴史を乗り越えて、自分たちの信仰を守り通し、何百年も念仏の伝統を守り継いできていたのですね。そういう見え

ないところに大変な信仰の歴史がずっと息づいていたということを考えますと、エリート階級の間では信仰が薄らいでいたけれども、庶民にはしっかりと根づいていたように思うのです。

見えないところで生き続けている宗教心

五木　いま全国に小中学校の数が約二万五千、コンビニが約四万といわれています。これに対してお寺の数は、宗教法人として登録されてちゃんと活動しているところだけで七万四千もあるそうです。それだけのお寺がとりあえず廃寺にならずに現存しているということは、物心両面でそれを支えている人がいるということですよね。ブツブツ不満はあるだろうけれども、お寺を改修する時には、ちゃんとお布施する人たちがいるということです。そうしてこの小さな国土に七万四千もお寺が存在している国は、世界中どこを探してもほかにないんです。

それを考えると、これはもう宗教というより習俗ではないかという気がするのです。

お正月に成田山に初詣でに行く人たちの数が百九十万人といいます。ディズニーランドの来客数が約六十二万人だそうですから、日本中の神社仏閣を訪れる人の数は、ディズニーランドなんか比べものにならない。それを一種の観光だといっても、僕はそれでいいと思っているのです。

善光寺に行った時に、仏様が出てきて残したと言い伝えられているこんな歌を教わりました。

五十鈴《いすず》川　浄《きよ》き流れは　さもあらば
あれ　われは濁《にご》れる水に宿《やど》らん

善光寺は無宗派の寺で、現世利益を求める人がいまも年間七百万人も参拝する寺です。求道的な修行の寺や、厳しい信心を一筋に守る寺からすると、非常に通俗的な観光寺のように見えて悪口を言われるけれども、この歌は、遊び半分で来るような人たちの心にも信仰の種を蒔《ま》けばいいのだという善光寺のエクスキューズかもしれない。僕はそれでいいと思っているんですね。

以前、石川県の金沢市に留学生が三百人ぐらい集まってホームステイする催しがあって、そこでお話をしたことがありました。その時に、金沢の美術工芸を勉強するのも、兼六園に行って庭を研究するのもいいけれども、金沢は戦災に遭わなかった街だから、昔の日本の面影《おもかげ》がまだ残っている。下町の古い家を一軒一軒訪ねて、仏壇を拝ませてもらってごらん、と言ったら、留学生たちがあちこち歩き回って、びっくりして帰ってきたそうです。どこの家にも仏壇があって、そこで毎日花や水が上げられている。日本はなんという深い国だ、と言うんです。

これは金沢だけではない。新潟、富山、能登、石川、福井、若狭、安芸、三河など、ほかの地域でもまだしっかり残っている風習です。東京のマンションの生活だけ見ていたのでは分かりませんが、日本人の中にはまだ地下水のように、見えないところで宗教心が生き続けていると僕は思いますが。

稲盛　私は田舎に両親の墓もあるものですから年に何回か帰るわけですけど、鹿児島の墓地はいつ行っても花が絶えないんです。それも豪華な花なんですね。鹿児島は決して生活レベルは高いほうではありませんが、墓地の入り口にあるお花屋さんに聞いてみると、花の消費量では全国一なのだそうです。

自分の家のお墓が朽ち果てて花が枯れているのはみっともないということで、親戚が交代でお墓参りをしたりするから年中花が絶えないわけで、そういうものは習俗として、まだ確かに残っています。

「おかげさん」に込められた意味

五木　それから、日本人のビジネスマンにそういう宗教心がないかといえば、そうではないと思います。

例えば伊藤忠商事の創立者の伊藤忠兵衛さんは、近江商人ですが真宗の門徒で、「商売忘れてもお勤め忘れるな」といったぐらい熱心な方だったんですね。近江商人は商売に成功して大坂に出るのが夢ですが、真宗の方が多いので、もし大坂に出てお店を構える時には、北御堂と南御堂の二つの御堂の間をつなぐ御堂筋の、朝な夕なに御堂の鐘が聞こえ、御堂の甍《いらか》の見える場所にお店を出したいというのが願いだったんですね。それで近江絹糸とか丸紅とか、成功した人たちが御堂筋のあたりに集まってくる。そういう宗教心に支えられて大阪のビジネスセンターができる。

そう考えますと、やはり江戸時代からそういうものが人々の間にあったんだなと僕は思うんです。

大阪の人が「儲かりまっか」と言うのを、東京の人はちょっと馬《ば》鹿《か》にしたような目で見ますよね（笑）。でも、昔の大阪の方に聞いたら、「儲かりまっか」と言うと「ぼちぼちでんな」と答えると。しかしその前に必ず「おかげさんで」をつけて、「おかげさんで、まぁぼちぼちでんな」と答えていたそうなんです。「おかげさん」の「おかげ」は、「御蔭参《おかげまいり》」の「おかげ」です。御蔭参は伊勢神宮へ参ることです。ですから「おかげさんで」ということは、天地神仏のおかげ、世間様のおかげで商売はなんとか儲かっております、という大阪の礼儀を表しているのだと。その話を聞きまして、そうか、かつての日本人はそうだったんだなと。

いまは「おかげさんで」も使われなくなりつつあるけれども、漫才なんかではたまに使われていますから、心の中にはまだそういう気持ちが流れているかもしれない。だから消える前に、それをもう一度なんとかならないかというのが、いま僕がお寺巡りをしてそれを本に書いている動機なんです。

稲盛　確かに「おかげさんで」という感謝の気持ちは、優れた経営者は必ず持っていますね。俺の才覚で成功したなどとは誰も言いません。「私は運がよかったんです」と謙虚に語る。つまり神様であるとか、何かそういう大きな力の支援で成功できたのだと、自分のビジネスの成功をとらえておられるわけです。そういう方を見ますと、経営者の中にも、五木さんが言われるような宗教心を持っておられる方はたくさんいらっしゃるのでしょうね。

いまこそ、平成の仏典をつくるべき

稲盛　五木さんがおっしゃる通り、確かに日本には、まだ地下水脈のように宗教心というものが流れているということは私も同感ですが、しかし、実際にはいまの四十代以下の人たちは、せっかく自宅に仏壇があっても、それをちゃんと拝んでいないと思うのです。このま

教えと実践は重なっていなければいけないと思います。ブッダの生涯そのものがそうでした。　五木

やはり、苦労とか災難というのは、人間をつくってくれるのではないかと思うのです。 稲盛

までは、いずれ仏壇は古い家財道具の一部ぐらいにしか認識されなくなってしまうでしょう。

　そのような宗教心の希薄化に関して、私は、いまのお坊さんの側にも大きな責任があるのではないかと思うのです。

五木　おっしゃる通りですね。

稲盛　私は臨済宗妙心寺派の「微《み》笑《しょう》会」という信徒会の会長を仰せつかっています。偉いお坊さんが集まるその微笑会の理事会で、私はよく言うんです。皆さんが一所懸命に坐禅を組まれ、ご自分の心身の修行を通じて解脱《げだつ》を目指しておられることは、確かに尊いことかもしれませんが、世の中がここまで混迷の度を深めているのだから、皆さん、お寺の中で自分の修行だけで満足するのではなく、ぜひ民衆の中へ打って出ていただけませんか。衆生《しゅじょう》を救うための運動を始めていただけませんかと。しかし残念ながら、それを聞いて、ぜひ一緒にやろうとおっしゃる方は、ほとんどいらっしゃらないのです。

　まだ田舎に仏壇仏間が残っているうちに、なぜ朝晩お参りしなければならないのか、そういう仏教の神髄みたいなことを、お坊さんが民衆の中に飛び込んで説いていかなかったら、日本仏教そのものが衰退してしまうんじゃないかと危惧《きぐ》しているのです。

五木　禅の世界では、目を全部閉じて瞑想《めいそう》するのと、半眼になる派とがありますね。半眼というのは、見ているような見ていない状態、すなわち俗にいて俗に染まずという状態であって、禅の坊さんというのは俗から離れてしまっては駄目だというのです。だけどいまの仏教は、完全に目を閉じてしまっている。外を見まいとしていると思うんですね。

　思い切って言いますと、釈尊が亡くなって以後の約二千五百年、仏教界ではほとんどその仏典の解説だけが行われてきたような気がするんです。解説も大事だけれども、いまこの平成の時代に、もっとブッダの生き方を真っすぐ見つめて、新しい経典、新しいお経を、いまのお坊さんや学者がつくっていくべきだと僕は思うのです。

稲盛　まったく同感ですね。

　混迷を深める世界を救うために、仏教、キリスト教、イスラム教をはじめ、世界の宗教に共通するエッセンスをまとめて、二十一世紀の普遍的な倫理的規範を、いまこそ打ち立てるべきではないか、と私は思うのです。

五木　あぁ、それはもう僕の考えることをさらに超えていますね。しかし、僕が言っているぐらいのことでも、何をそんなに誇大妄想的なことを言っているんだと批判されるんです。

　ですけれども、仏典の解説だけでなくて、新しい教典、いわば『新約聖書』のようなものを書いてもらいたいという思いは強く持っています。平成仏典のようなものがいま求められているのではないかと僕は思うのです。

　先日上梓《じょうし》した『元気』という本で、僕はまさにその問題に触れたのですが。そのことに踏み込むこ

とは、作家としては越えてはいけない線を越えるような感じがあるのですが、いま大事なのは、新しい浄土の物語を作ることだという気がしてならないのです。

法然は、平安時代末期から鎌倉時代にかけて、人々が地獄におびえていた時代に「浄土」という輝かしい物語を作って、念仏さえ唱えれば光り輝く浄土に迎えられるんだよと説いて、人の心に安らぎを与えたと思うのです。ただ、この時代に、蓮《はす》の花が咲いていて妙《たえ》なる音楽が聞こえて、と言われても、いまの人たちはあまり魅力を感じませんよね。ですから、どこへ旅立つのかという新しいイメージを物語として作る必要があると思うのです。

京都セラミック設立当初の顔ぶれ（昭和34年）。後列中央が稲盛氏

稲盛　確かにそれは必要ですね。五木さんには、ぜひとも勇気を持ってそこへ踏み込んでいただいて、お釈迦《しゃか》様が説かれたことは真実だと、ペンの力をもって訴えていただきたいですね。

日常生活の中で自分を磨く

稲盛　白隠禅師は『坐禅和讃《ざぜんわさん》』の中で、坐禅をして悟りを開くことも大事だけれども、お布施をしたり念仏を唱えたり懺悔《ざんげ》をしたり、日常生活の中でそういう諸善行に勤めることも悟りに近づくもとなんだと説いていますね。

六波羅蜜《ろくはらみつ》という仏の教えがありますね。布施《ふせ》、持戒《じかい》、忍辱《にんにく》、精進《しょうじん》、禅定《ぜんじょう》、智慧《ちえ》、これを実践するだけでいいと私は思っているのです。つまり布施は、人様のために一所懸命奉仕をすること。持戒は、人間としてやってはならないこと、人様が不愉快に思うことをしないこと。忍辱は、人生における様々な困難を耐え忍ぶこと。精進は、一所懸命働くこと。禅定は心を静かに保つこと。そういうことを地道に続けていけば、魂が磨かれ、心がきれいになり、智慧という悟りの境地にまで達することができるということです。

いまお話しになった新しい平成の仏典を通じて、せめてそういうことを多くの人が理解するようになれば、と思います。

五木　おっしゃる通りだと思います。そういうものは道徳であって、仏教というのはもっと高遠なものを求めるんだと考えられがちですが、僕はやっぱり教えと実践は重なっていなければいけないと思いますね。ブッダの生涯そのものがそうでした。

いまお話しになった布施の中には、「無財の七施」（眼施《げんせ》、和顔《わがん》施、言辞《げんじ》施、身《しん》施、心《しん》施、床座《しょうざ》施、房《ぼう》舎《しゃ》施の七つの施し）というのがあって、僕は大好きなんですけれども、眼施、つまり優しい眼差《まなざ》しで相手をじっと見つめるということも一つの大きな布施ですから。和顔施、通りすがりにニッコリ笑って、相手の心を春風が吹いたような気持ちにしてあげることだって大きな布施でしょう。そういうことをお坊さんが分かりやすく語って広く理解されるようになり、様々な分野に導入されていけば、世の中も随分変わってくると思います。

苦労が人間をつくる

稲盛　先日、福田赳夫《たけお》元首相がつくられたＯＢサミットというシンポジウムに出席してほしいと言われて出掛けていきました。海外からはオーストラリアのフレーザー元首相とか、日本からは宮澤元首相や塩川元財相とか、その名の通り、かつて各国の政権を担った著名な方々がたくさん見えていました。

その時のテーマは、いま紛争や疾病《しっぺい》、また児童労働などで、困難に遭遇している世界の子どもたちを救おうというものでした。そこでは、善良な博愛主義者の方々がいろいろと発表されるんですが、どのお話も私にはしっくりこなかったんです。

確かに言われてみればそうかもしれないけれども、戦争が終わった時、私は十二、三歳でしたが、私が育った鹿児島周辺は焦土と化し、親を失った戦災孤児たちが、幼い妹、弟を守るために、焼け跡を真っ黒になって必死で走り回りながら、懸命に働いていました。だけど、いまはみんないっぱしの社会人になっています。皆さん、児童が労働させられてかわいそうだ悲惨だとおっしゃいますが、そういう子どもたちのほうが、はるかに健全な精神が宿っていくケースもたくさんあります。だから私は、満ち足りた先進諸国の人たちから見た博愛主義みたいなものは、いかがなものかと思います、と言いましたら、ちょっと場がシラけてしまいましてね（笑）。しかし、シンポジウムが終わってフレーザー元首相から、あなたの発言に感銘を受けた、次のＯＢサミットがオーストリアのザルツブルクであるので、ぜひ来てもらいたいと招待されました。

五木　そうでしたか。

稲盛　片や、いまみたいに満ち足りた社会で育った子どもたちは、非常に脆弱《ぜいじゃく》です。戦後間もない頃のように、経済的に苦労させるということは、いまの環境では物理的には難しいけれど、何らかの方法で、子どもたちに試練を与え、それを克服することを教えなくてはならないと思うんですね。

五木　確かに戦後間もない頃、子どもたちが家族を背負って頑張った時代を僕も経験しました。父親がいわゆる皇道哲学という天皇の思想に共感していた人でしたから、敗戦と同時に職場もなくなるし、思想的にも挫折するわけです。もう茫然《ぼうぜん》自失で、しばらく廃人同様でした。僕は長男ですから、自分がロシア将校のところで働いてはパンとか肉とかもらってきて家族に食わせるとか、そんなことをやってました。そういう意味では大変な時代でしたが、おかげさまでちゃんと成人して、いまもこうして仕事を続けていられる。

稲盛　私は中学二年生の頃、家が空襲で焼けて父親の田舎に引っ込みました。父親は戦時中まで印刷屋をやっていてある程度成功していたのですが、戦後やめてしまってからは自信を失って、脱け殻みたいになってしまいましてね。お恥ずかしい話ですが、そういう中で、私は闇《やみ》焼酎を造って、夜な夜な闇市へ売りに行ったのです。ガキがそういう悪さをしながら、親きょうだいを支えるために必死で生きてきたわけです。けれども、そのために人間が曲がって変になったということはありません。やはり、苦労とか災難というのは、人間をつくってくれるのではないかと思うのです。

五木　その通りだと思います。

稲盛　そういう時代を生きてきたものですから、私の場合も、仕事を選べるような状態ではありませんでした。いわば社会環境によって、いまの道を選ばざるを得ないように仕向けられたのであり、それに従って、自分の仕事を好きになるように努力をして歩いてきただけなのです。

大学を出た昭和三十年当時は大変な就職難で、先生の紹介でやっと京都にある焼物の会社に入ったのです。大学では有機化学を専攻しましたので、せめて石油化学関連の企業に行きたいと思っていたのに、専攻とはまったく異なる無機化学の焼物の企業しか採用してくれなかった。ですから、最初は不平を並べていたのです。だけど、言っても天に唾《つば》をするみたいで虚《むな》しくなった。そこで、ブツブツ言う暇があるなら研究に没頭しようと、頭を切り替えたのです。それから人生が好転をしていったという気がしますね。

五木 「おかげさまで」という気持ちを持って生きることは大切ですね。僕は『日刊ゲンダイ』という夕刊紙で二十九年間ずっと休まず連載を続けておりまして、それから、TBSのラジオの番組も二十五年休んでいないんです。僕はどちらの仕事でも事前にストックを作っておくことはしないんですが、それで一日も休まなかったということは、交通事故にも遭わなかったし、入院もしていないということですね。もう本当に、「おかげさまで」としみじみ感じますね。朝から晩まで心の中で、嬉しいとか、ありがたいとか言って過ごしていますから（笑）。

敗戦後に引き揚げてきた博多湾で58年前の日を振り返る
（撮影／戸澤裕司）

湿式社会から乾式社会へ

稲盛 そういうわれわれの時代に比べて、いまみたいに豊かで、花よ蝶《ちょう》よと大切に育てられ、ちっとも苦労しない子どもというのは、本当は幸せではないかもしれないという気がしますね。

五木 いまの子どもたちの目というのは光っていないですね。何かぼうっとした、倦怠《けんたい》感に満ちた表情を見るたびに、僕は本当にいやな気持ちになって、なんとかイキイキしたものを取り戻す方法はないかと思うのです。

戦後の焼け跡に引き揚げてきた時、上野の地下道にはシラミだらけの子どもがいて、ドラム缶のお風呂に入ったり、良家の子女がガード下でお客さんの袖《そで》を引かなきゃいけないようなありさまでした。しかし、その中でも日本人にはものすごくエネルギーがあったような気がするのです。

死というのは、魂の旅立ちだと私は思うのです。その旅立つまでの間に魂をできるだけ美しいものに変えていきたいというのが私の願いなのです。

稲盛

人間というものは、本当に老少不定、きょう一日という覚悟で、その時にどういう心持ちで旅立つかということを常に考えるようにしています。　五木

稲盛　確かにありました。

五木　翻《ひるがえ》って、いまのこの豊かな中で年間約三万二千人もの人が自殺をしている。戦争中も戦後も、戦災で亡くなる人や餓死する人はいたけれども、自ら命を捨てるようなことはなかったと思うんですね。いったいこれはどうなっているのか。いまの日本人に何が失われたのか。

　小学生がスクールバスで送り迎えされて幸せかといえば、必ずしもそうではない。僕らは下駄履きで二里三里と歩いて学校に通ったけれど、それでもイキイキしていた。いまの若い人や子どもたちは、何か死んでいるような目をしていると思う時があるんです。

稲盛　本当にそうですね。

五木　数年前の『中央公論』に、東大の鈴木博之さんという建築工学の先生が、戦後の日本の建築工学の発展は「湿式工法」から「乾式工法」への大転換にあったと書かれています。

　昔は、家を建てている前を通りかかりますと、鉄板の上にセメントの粉をわっとあけ、そこへ砂利と砂を入れてバケツで水を入れてこね回しておりました。壁土を練るとか漆喰《しっくい》を作るとか、水を多量に使って家を建てていたんですね。それが五十年の間に、コンクリートは工場で造って持ってくるようになり、壁土を使わないでベニヤ板にビニールの壁紙を貼るようになり、さらにアルミサッシ、プラスチック、軽金属、ガラスなどを使って、一滴の水も使わずに一軒の家が建つようになった。それを「乾式工法」というのだそうです。

　僕は、乾式へ大転換をしたのは建築だけでなく、教育にしても、医療にしても、あらゆる分野でそれが当てはまると思うのです。僕たちはいま、完全な乾式社会の中に住むようになった。一滴の水分も、さっき言った情なんていう水分の存在しないところで生まれ育つようになった。そうなると、心の中まで変わってくるのは当然だと思うんです。

　水分を含んでいるものは重いけれども、乾いたものは軽い。だから、乾式の社会は軽い社会であって、その中で心が乾けば、命が軽くなるということにもつながってくる。困った時に簡単に自分の命を放り出す、あるいは他人の命を奪う。こういうことも、心が乾いているということからくるのでしょう。

　ですから僕は、そういうすべてが乾燥しきって水分がないところへ、オアシスの水を注ぐ必要がある、日本人の渇ききった心に井戸を掘って、水分を含んだみずみずしい心を取り戻す必要があるのではないかと思うんです。そのためには、やっぱり先ほど申し上げた、「情報」の「情」というものの意味を、もう一度しっかり考えること。笑うことだけではなく悲しむ

こと、泣くこと、そうした戦後放り出してきたいろんなものを再検討してみる必要があるのではないか、と思っているのです。

稲盛　五木さんは何かに、人間は悲しい時に悲しい歌を歌うんだ、悲しい時に勇ましい歌を歌っても励まされないということを書いていらっしゃいましたが、私も確かにそう思いますね。私は、仕事がうまくいかない時、よく一人になって淋《さび》しい歌を歌ったものです。そうすると、心が慰められ、もう一回頑張ってみようという思いがふつふつと湧き上がってきたからです。ああいうメランコリーな情感というのが、魂に潤いを与え、新たな挑戦を促す起爆剤になるということは、実感としてよく分かりますね。

死を迎えるための準備期間

五木　いまのお話は、稲盛さんの人間としての歩みの一端が窺《うかが》えるようないいエピソードですね。

稲盛　私は、二十七歳で京セラという会社をつくっていただいて以来、必死で働き通してきました。しかし、そういつまでも生きておられるわけではない。私は、人というのは、生まれてから二十年ぐらい、社会に出る準備期間があると考えていましてね。

五木　インドでいう学生期《がくしょう》のことですね。

稲盛　はい。そして社会に出て一所懸命働くのが、六十歳ぐらいまでの四十年。それから八十歳ぐらいまで生きられるとすれば、あとは死を迎えるための準備期間に二十年を神様が与えてくださっていると思うのです。ですから、六十歳になってからは、できれば仏教の勉強をして、死を迎えるための準備をしたいと考えていたのです。死というのは、魂の旅立ちだと私は思うのです。その旅立つまでの二十年の間に魂をできるだけ美しいものに変えていきたいというのが私の願いなのです。

　そこで、六十五歳の時になんとか仕事の区切りをつけて、ご指導いただいておりました京都府と大阪府の境、八幡《やわた》市にある円福寺の西片擔雪《にしかたたんせつ》ご老師にお願いして得度《とくど》することにしたのです。

　ところが、得度式を予定していた二週間前に、健康診断を受けましたら、胃がんであることが分かりましてね。急遽《きゅうきょ》得度する日に、手術を受けました。

五木　それはすごい偶然だなぁ。

稲盛　二か月ほどして退院して、まだふらふらしていたんですが、もうこの機会を逃しては、永遠にお寺に行けないと思って、頭を剃《そ》ってもらい、得度したのです。また、その後しばらくしてお寺に入り、修行の真似事《まねごと》もさせていただきました。病み上がりに、若い雲水たちに交じって朝早くから夜遅くまで修行するのは、随分しんどかったですよ。

五木　それは大変でしたね。でも、いい経験をなさいましたね。

稲盛　そうですね。一生のうちにそういう時間を持つなんてことは、まずありませんからね。

　先輩雲水の案内で、朝七時くらいから托鉢《たくはつ》に出掛けたこともありました。檀家《だんか》を一軒一軒訪ねて回るんですが、素足に草鞋《わらじ》ですから指が少し外へはみ出るでしょう。そうすると、足の指先が道路のアスファルトに擦《こす》れて血まみれになるんですね。

　托鉢の終わる夕方、その痛みと慣れない托鉢にクタクタになって公園近くを歩いていました。その時、掃除をしていた一人のご婦人がツカツカと近づいてきて、私の手に五百円玉を握らせてくれたんです。お見かけしたところ、さほど豊かには見えなかったのですが、何もおっしゃらずに私に恵んでくださった、その純朴で優しい心に触れ、私は全身が震えるくらいの幸せを感じました。あれはまさに坐禅の至福感と同じです。あの時の感激はいまだに忘れられませんね。

あの世はある

五木　先ほどの、稲盛さんががんの宣告を受けた時のお気持ちは、僕には分かりませんけれども、もし自分ががんだと宣告された時に、いったいどういう心持ちになるのか……僕はよくそういうことを想像するのです。

　僕と同世代なのでショックを受けましたけれども、大島渚さんがロンドンで倒れたでしょう。それから、江藤淳さんも亡くなった。多田富雄さんという国際的な免疫学者は、二年前に脳梗塞《こうそく》で倒れられ、今度長嶋茂雄さんが倒れられた。たまたま長嶋さんとの対談が本になって出たばかりでしたからびっくりしましてね。対談した時はとてもお元気だったのですが。

　だから、人間というものは、本当に老少不定《ろうしょうふじょう》、きょう一日という覚悟で、その時にどういう心持ちで旅立つかということを常に考えるようにしています。修行のようなものですけれども、そういうふうに考えると、生きていることのありがたさもまたひとしおです。

稲盛　私は、ちょっと不埒《ふらち》なことかもしれないんですが、ここ十年ぐらい、友人とか身近な人たちが亡くなっても、悲しくないんです。それは私が、魂が永遠だと思っているからなんです。

　つい三年ほど前に、十歳ほど年上の親友が亡くなったんです。その人は無神論者だったのですが、よく一緒に、死んだらどうなるだろう、というような話をしていたんです。そして、どっちが先に死ぬか分からんけれども、死んでもしあの世があったら、葬式の時に、生き残った相手に知らせることにしよう、と言い交わしていました（笑）。もしあの世があったら、例えば仏壇に飾ってある花をグラグラ揺らしたり、お灯明《とうみょう》を揺らしたりして知らせよう、と約束していたのです。

五木　それは興味深いお話ですね。

稲盛　それでお葬式の時に、注意して見ていたのですが何もなかったので、忘れているのかなぁ、と思っておったんです。初七日が終わって、家内と一緒にお墓参りに行った帰りに、京都駅に隣接したデパートのレストラン街に夕飯を食べに行こうということになりました。日曜日の夕方でしたので、どのお店も満席で、大勢のお客さんが並んで待っているんです。ところが不思議なことに、目当てにしていた天ぷら屋だけ誰も並んでいなくて、その上、カウンターがちょうど二席空いていたんです。

五木　それはまた不思議な。

稲盛　そこで私は家内に「見てみなさい。あの世があったら教えてほしいと頼んでおいたので、彼が先回りして席を二つ取っていてくれたんだ」と言ったんです（笑）。花やロウソクを揺さぶったりはしませんでしたが、私たちが行った時、奇蹟《きせき》的に二つだけカウンター席が空いていたというのは、彼が行って席を取ってくれたとしか思えない。だからやっぱりあの世はある。私は本当にそう信じているんです。

元気の海より出でて元気の海へ還る

稲盛　そろそろ時間ですので、最後にきょうのテーマである「何のために生きるのか」に即してお話ししますと、私は先ほど申し上げましたように、生まれた時の魂を現世の荒波で洗って磨いて、思いやりに満ちた優しい美しい魂にする、そのために現世の苦役があると考えています。

　若い頃は、いい技術屋になりたい、ノーベル賞をもらえるような研究者になりたいと思ったこともありましたし、また、京セラという会社をつくっていただいてからは、世界有数のセラミックの会社にしたいと思って努力してまいりました。現在、京セラは売り上げ

が一兆円を超える大きな会社になりましたし、二十年前につくった第二電電も売り上げ三兆円という巨大な会社になり、立派な経営者になりたいという人生の目的は達成したように見えます。

　しかし、よく考えてみたら、そんなものは現世における砂上の楼《ろう》閣《かく》のようなものであって、死を迎える時には、私の魂が汚れているのか、磨かれて美しくなっているのか、それだけが問われてくるのだと思うのです。ですから、改めて残りの人生の中で、自分の魂を磨いていこうと思っているんです。

五木　そのお気持ちは非常によく分かります。ただ、僕は稲盛さんのように求道的ではなく、もうちょっとアナーキーなところがありましてね。

　前に『大河の一滴』という本で書いたのですが、われわれ人間は、大河の一滴として流れ下っていくものであり、その先には生命の海というものがあると僕は考えています。海に戻った生命がやがて再び太陽の光に熱せられ、蒸発して水蒸気として空へ昇るように、われわれの生命も空へ昇っていく。そして今度は雲となり、それが霧となり、雨となり、雪となって再び地上に降り注ぐ。

　いろんな形でわれわれは一所懸命に生きて、心も体も疲れ、同時に命も疲れてくる。疲れた命も最後には、汚れた水も、きれいな水も全部、等《ひと》し並《な》みに大河へ流れて、大河と一緒にずっと海へ戻って吸い込まれていく。そこで疲れた心と体と命を癒やして、太陽の光に熱せられて蒸発していく、というイメージで捉《とら》えているのです。

稲盛　それは輪廻転生を、水のサイクルで表していらっしゃるわけですね。その発想は素晴らしいですね。

五木　これを親鸞は「往還《おうげん》」という言葉で説いています。人間というのは、すべての人が浄土に迎えられるけれども、浄土にじっとしているだけでは駄目で、菩薩《ぼさつ》としてまた地上へ戻ってきて、人々のために働く。だから、僕はやはり、浄土へ往くというのではなくて、還《かえ》るというふうに考えるんですよ。人はいずれ、元気の海へ還る、と。

　その物語をどんなふうに人々に信じさせることができるか。そこに語り部の力量がかかっていると思うのですけれども、このテーマを僕はこれからもさらに掘り下げていきたい。まぁ、また五木が変な話を作り上げたなとか笑われるかもしれませんが（笑）。

稲盛　いや、それは素晴らしい試みだと思いますね。魂は輪廻転生を繰り返す。そのことを水に例えれば、いずれ元気という大海へ流れていく。

　その時まで私は、この人生の荒波の中で、精一杯魂を磨き上げ、少しでも美しい魂となってその元気の海へ還っていきたいですね。

われわれ人間は、大河の一滴として流れ下っていくものであり、その先には生命の海というものがあると僕は考えています。　五木

本居宣長「恩頼図」

「本居宣長先生は何によって偉い人になられたのですか?」。宣長の養子・大平は、この問いに対して一つの図を示してみせた。恩頼図——。江戸後期最大の国学者といわれる本居宣長は、如何にして生まれ、何を貫いて生きたのか?

本居宣長記念館館長
吉田 悦之

よしだ・よしゆき——昭和32年三重県松阪市生まれ。55年國學院大學文学部卒業後、本居宣長記念館研究員などを経て、平成21年同記念館館長に就任。公益財団法人鈴屋遺跡保存会常任理事を務める。宣長研究は学生時代から換算すると約40年に及ぶ。著書に『宣長にまねぶ』(致知出版社)『日本人のこころのことば 本居宣長』(創元社)『本居宣長の不思議』(本居宣長記念館)、編著に『21世紀の本居宣長』(朝日新聞社)『本居宣長事典』(東京堂書店)など。

宣長は何によって偉い人になったか

本居宣長は『古事記伝』や『うひ山ぶみ』などの著作を通して、日本の古典研究の理念と領域を示し、その研究方法を確立した江戸後期の国学者として知られています。

そんな宣長のもとで十三歳の時から学問を教わり、養子に迎えられたのが大平《おおひら》でした。

その大平が宣長の没後、ある人から「宣長先生は何によってあのような偉い方になられたのか」と問われた時に示したみせたのが、ここに掲げた「恩頼図《みたまのふゆのず》」です。

恩頼とは恵み深い賜物《たまもの》、平易に言えば「お蔭《かげ》」のことを指し、この図には、宣長が学恩を受けた人々と、その学問に連なる人々などが表されています。

中央にある空白の部分は、宣長に当たります。この宣長という存在から、『古事記伝』や『玉勝間《たまかつま》』といった著作、そして多くの弟子が生まれた。その宣長の学問の根底を支えているもの、つまりお蔭を蒙《こうむ》ったとされるのが上部に示された人たちです。

学恩を受けた人々の真ん中に「御《み》子守神《こもりのかみ》」が据えられているのは、宣長の父親が大和吉野《やまとよしの》の水分《みくまり》神社(御子守神としての信仰がある)に子授け祈願をして宣長が生まれたからです。

そしてまず、両親が持つ長所や美点が子の宣長へと受け継がれていく。父親は大変真面目《まじめ》な性格であったため、「父主　念仏者ノマメ心」と記されています。母親は宣長の行く末をいつも案じていた。したがって「母刀自《とじ》　遠キ慮《おもんぱか》リ」と書かれている。これらが、宣長の最も根本となる部分です。

しかし、それだけではありません。将軍家の西山公(水戸光圀《みつくに》)、最初に儒学を教わった堀景山《けいざん》、太宰春台《だざいしゅんだい》に紫式部、垂加神道《すいかしんとう》の山崎闇斎《あんさい》に、孔子といった名前も挙げられています。

宣長に影響を与えた人物は、一般に、古典研究の先駆者である契沖《けいちゅう》と、宣長に『古事記伝』の執筆を勧めた賀茂真淵《かものまぶち》の二人だといわれています。

しかし、幼い頃から宣長の謦咳《けいがい》に接してきた大平の目から見ると、決してそれだけではない、という思いがあったのでしょう。これにはおそらく宣長という人が、自分の学問を支えてくれている人や事物に対して、深い感謝の気持ちを抱いていたことが関係していると思われます。

例えば現在でも、伊勢の神宮会館にあるレストランでは、膳に添えられる箸《はし》袋に、食事の作法として、宣長の詠んだ次の二首が記されています。

「たなつもの　もものきぐさも
あまてらす　ひのおおかみの
めぐみえてこそ」

（食べ物となる植物が育つのも、天《あま》照大神《てらすおおかみ》の恵みがあってこそだ）

「あさよひに　ものくふごとに
とようけの　かみのめぐみを
おもへよのひと」

（朝夕に食事を頂けるのも、食物の神である豊受大神《とようけのおおかみ》のお蔭だということを思いなさいよ）

宣長はそれを人に「唱えなさい」と強要するようなことはしません。ただ、そうしたことを思わずになぜ食事ができるであろうか、と宣長は考えるのです。こうした、宣長が諸々の事物に対して抱く深い感謝の念を大平もよく理解していたからこそ、恩頼図のようなものが書かれたのでしょう。

大平は当初、この恩頼図を三つの丸を並べたような形で表していました。しかし、これでは適当でないと感じたのか、二度の訂正を加え、最終的にできあがったのが、この第三稿です。宣長の学問に連なる人々が、後の世にまで広がっていくことを感じさせる図となっています。

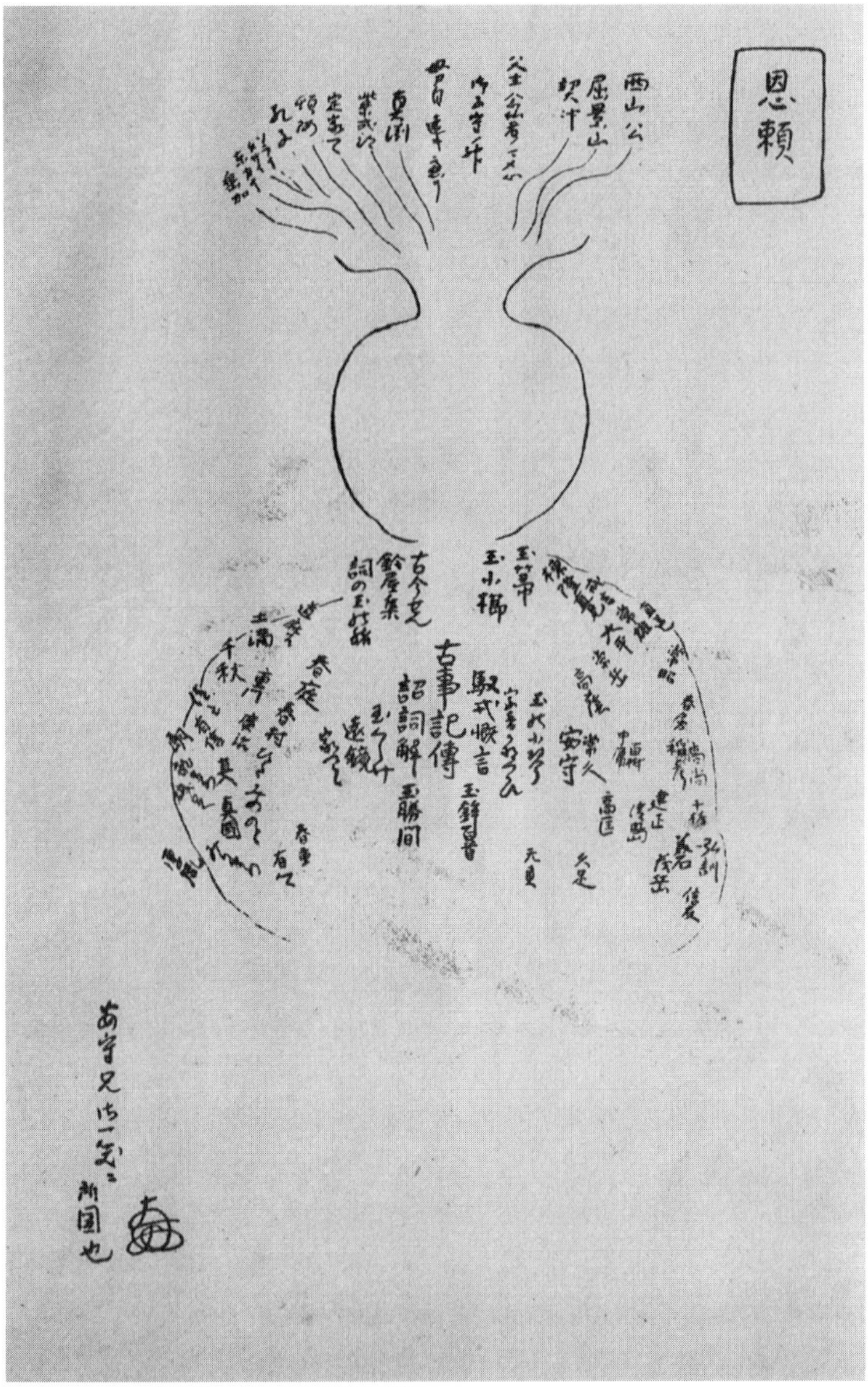

恩頼図『金鈴余響』より

本居宣長

もとおり・のりなが——享保 15 年～享和元年（1730 ～ 1801）。江戸後期の国学者。伊勢松阪の木綿業・小津定利の二男。医業の傍ら『源氏物語』など、ことばや日本古典についての講義をした他、現存する日本最古の歴史書『古事記』を研究し、35 年をかけて『古事記伝』44 巻を執筆する。主著は他に『源氏物語玉の小櫛』『玉勝間』『うひ山ぶみ』『秘本玉くしげ』『菅笠日記』など。

対談【2】

成功への光へと歩み続けて

奥田 政行

地場イタリアン「アル・ケッチァーノ」オーナーシェフ

おくだ・まさゆき——昭和 44 年山形県生まれ。高校卒業後、東京で 7 年間修業し、26 歳で鶴岡ワシントンホテル料理長就任。平成 12 年地場イタリアン「アル・ケッチァーノ」を鶴岡市にオープン。16 年より山形県庄内総合支庁「食の都庄内」親善大使。農水省料理マスターズ、イタリア・スローフード協会国際本部主催「テッラ・マードレ 2006」で「世界の料理人 1000 人」に選出されたほか、スイス・ダボス会議にて「Japan Night2012」料理責任監修を務めるなど、世界的評価を受けている。著書に『人と人をつなぐ料理』（新潮社）などがある。

生まれたところを有名にしたい

笠原　お久しぶりです。きょうは山形から東京に入られたんですか。

奥田　いや、プロデュース店のある三重から来ました。いま山形の庄内《しょうない》に本店を含む三店舗と、東京・銀座店、広島の宮島店の計五つの直営店をやっていまして、その他にレシピを提供したりしているプロデュース店が七店舗あります。八店舗目を超えたところから一週間の動きがランダムになりまして（笑）、訳が分からなくなりつつあります。

笠原　僕も昨年（平成二十六年）、恵比寿の本店が十周年を迎え、一昨年には名古屋に、昨年は本店から少し離れたところに三店舗目を出店しました。

　僕が奥田さんの山形のお店を訪ねた時は、まだ本店を出して間もなくの頃でしたが、よく十年持ったなというのがいまの実感です。

こうして未来をひらいてきた

いま料理界にはたくさんの若手実力派が存在する。
日本料理には、毎月一日で翌月分の予約が埋まる
「賛否両論」の店主・笠原将弘氏。
イタリアンには山形の庄内に全国からその味を求めて訪問者がやまない
「アル・ケッチァーノ」のオーナーシェフ・奥田政行氏。
ジャンルは違えど、同世代で切磋琢磨し続けるお二人に、
当代きっての人気店をつくりあげた
「成功の要諦」をお話しいただいた。

笠原 将弘

日本料理「賛否両論」店主

かさはら・まさひろ——昭和47年東京都生まれ。高校卒業後、「正月屋吉兆」で9年間修業し、実家の焼き鳥屋「とり将」を継ぐ。平成16年恵比寿に「賛否両論」を開店し、毎月1日で翌月の予約が埋まる人気店に成長させた。テレビや雑誌の料理コーナー、イベント等で活躍し、日本料理の魅力を広めるために尽力している。著書に『だから僕は、料理をつくる。』『笠原将弘の30分で和定食』（ともに主婦の友社）など多数。

奥田　庄内の小さな店に都会の料理人が来てくれたと喜んでおもてなしさせていただいたのですが、その後、笠原さんは大ブレイクされて、本もたくさん出されていますし、「賛否両論《さんぴりょうろん》」さんは毎月一日で翌月の店の予約が埋まってしまうほどの人気店になられました。

　そういうことで私が笠原さんのお店を訪問できたのがつい数年前でしたが、動きやすいように動線を工夫されていたり、ああ、いろんな知恵を使ってやっているなと伝わってきましたね。

笠原　僕は東京の武蔵小山《むさしこやま》の出身で、両親はそこで「とり将」という小さな焼き鳥屋をやっていました。二人とも他界した後に店を継いで、そこそこの繁盛店にさせてもらったのですが、やっぱり同じ

「笠原だったらやらせてもいいかな」と思われる仕事ぶりを、常日頃から心掛けておくことですね。　笠原

東京でも恵比寿や青山のレストラン激戦区とは注目度も客層も全然違います。

野球選手がメジャーリーグで活躍した後に凱旋《がいせん》帰国するように、僕も激戦区に挑戦して、成功した後にもう一度愛する武蔵小山に帰れば地元を有名にできるかなという思いがあって、「賛否両論」を出店したところがあるんです。

だから、初めて奥田さんの店を訪ねた時、正直、ここに全国からお客さんを呼んでいるってすごいなと。奥田さんは自分の生まれたところを有名にして本当に羨《うらや》ましいというか、憧《あこが》れがありますね。

奥田　おかげさまで昨年の十二月には、鶴岡市がユネスコの食文化都市にも認定されました。

私は自分の仕事を通じて庄内を元気にしたい、奥田家を助けてくれた鶴岡に恩返しをしたいという思いがありますから、その志の一つを果たせたかなという思いはありますね。

二十一歳で背負った一億三千万円の借金問題

笠原　奥田さんもお父さんがお店

をやられていたんですよね。

奥田　はい。うちは新潟県と山形県の県境でドライブインを営んでいて、父は料理長兼社長でした。いまから五十年前には既に二十四時間営業を始めていて、あらゆる観光バスからトラックから自家用車までが停まり、大繁盛していたんです。交通の便がいいというより、料理がおいしくて、秋田県、山形県、新潟県では「ドライブイン日本海」と言えばよく知られた存在でした。

　二十四時間営業ですから、小学生の頃から手伝いに入ってカツ丼をつくったりして、親父の背中を見て育ちました。すごいなと思う半面、だからこそ料理の世界は苦しいものだと分かっていたので、高校卒業する時、本当はコンピュータプログラマーになろうと思っていたんです。

　ところが、進路志望を学校に出す直前にテレビで『天才シェフ三《み》國清三《くにきよみ》』という番組を観てしまいまして。

笠原　四谷の「オテル・ドゥ・ミクニ」のオーナーシェフの三國清三さんですね。

奥田　料理人でもここまで世界に行けるんだと思って、就職志望用紙を先生に出す直前に自分の中で何かが起こって（笑）、コンピュータ会社からレストランに書き換えました。

　そうして卒業後は東京に出て修業していたのですが、まさかまさか、二十一歳の時に父親が悪徳コンサルタントに騙《だま》されて、一気に一億三千万円の借金を背負うことになったんです。

笠原　え、一億三千万円……。

奥田　はい。一度山形に戻り、父と債権者回りをしたり、ヤクザに頭を下げたり、裁判所に行ったり、人生の修羅場みたいなものを見て回りました。それまでは「おやじさん、おやじさん」と慕ってくれていた業者さんが「おやじ、金返せ！」に変わって、「困っている人がいたら助けなさい」と言っていた父も「人は信じるな」となってしまった。

　ただ、鶴岡の債権者のお一人が八百万円をチャラにしてくれて、顔が見えないようにとパチンコ店の両替所でうちの父を働かせてくれたんですよ。そういうこともあって、私には鶴岡に恩返しがしたい、食で元気にしたいという思いがあるんです。

　また、父の中にはもう一度再起したいという思いがあって、時間があれば空き物件を探していました。しかし体を壊し、それも叶《かな》いませんでした。だからいま私は、料理人として格好よかった頃の父の夢の続きを生きているんだと思っています。それが私の料理人としての原点ですね。

やりたいことが百なら やりたくないことを 三百やる

笠原　うちも両親が店にいたので、必然的に僕も店で過ごす時間が多くて、出入りする人たちから「おまえは跡取りだな」みたいなことを言われて育ちました。だから、いつかは親父の跡を継ぐのかな、みたいな思いはあったんです。

　ただ、母は「大学ぐらい出なさい」と言っていたので、中学の頃はそんなことも考えていたのですが、その母は僕が高校一年の時にがんで亡くなってしまいました。そうなると、勉強なんかする気もなくなって、高校時代は毎日遊び狂っていたんです。

　で、いよいよリアルに進路を決める段階になって、たまたまテレビでパティシエのワールドカップみたいなドキュメンタリー番組をやっていたんですね。

　当時はサッカーも毎度ワールドカップは予選落ち、野球もメジャーリーグでそこまで活躍している人もいなくて、日本人って世界に通用しないんだと思っていました。ところが、強かったんですよ、その日の丸をつけたパティシエの日本代表チームが。
　自分も手に職をつけて、世界で戦えるような料理人になろうと思って、父に話しましたら、「じゃあ、日本料理の修業をしてこい」と。
　それで東京の吉兆に入社しましたが、僕以外の同期はみんな調理師学校を出ていて、ズブの素人は自分だけ。だけど一か月くらい仕事をしたら、全然問題ないなと思いました（笑）。

奥田　私も高卒ですぐに現場に入りましたから、調理師学校卒には負けないぞ、と思っていました。

笠原　もちろん、最初は僕だけ何もできませんから、大きな声で返事をすること、掃除や鍋磨きをさせたら笠原が一番綺麗《きれい》だぞ、と言われることを意識しました。
　あと、買い物とか得意だったんですよ。小さい頃からおつかいを頼まれてきましたが、うちの親父は無駄や効率が悪いのをすごく嫌って、「商店街をこういう順番で行けば一回で済むだろう」とか、うるさかったんですよ（笑）。
　だから修業時代もそういうことを意識して、買い物に行っても最初に重いものを買うと大変だから、このルートで回ると一番効率がいいなとか、品切れの時はどの店に同じ物が置いてあるかを覚えておく。あとは、帰る前に電話を入れて「これから帰りますが、追加はありますか？」と確認する。そうすると、先輩に「あいつ、気が利くな」と思われるじゃないですか。

奥田　私も全《まった》く同じで、休憩時間に鍋磨きを終わらせておくとか、ゴミ捨てに行ったら一番早く帰ってくるとか、まずは先輩から頼りにされる後輩になろうと思いました。頼りになれば、先輩がそばに置いておきたくなりますから。

笠原　「これやっておけよ」と言われた仕事を、先輩が思う倍のスピードで終わらせると、「じゃあ、これもやるか？」となりますよね。
　あるいは、大量の弁当の注文が入っているとか、明らかにいつもとは仕事量が違う日があるじゃないですか。これは先輩たちだけじゃ間に合わないなっていう、そのチャンスに気づけるかどうか。

奥田　そうそう。そういう時は前の晩から戦闘態勢で、絶対に朝早く行って、先輩が来る前に素材の下処理を終わらせておくと。

笠原　そういう準備をしておけば、目が回るくらい忙しい時に「手伝わせてもらえますか」と申し出たら、先輩もやらせてくれますよ。
　ただ、その時に「笠原だったらやらせてもいいかな」と思われる仕事ぶりを、常日頃から心掛けておくことですね。中にはおいしい仕事だけやりたがる奴もいるんですよ。そうすると「おまえ、そんなことよりあそこの掃除ができてねえよ」と怒られるわけです。

奥田　私はいつも「やりたいことの数値が百だとすると、やりたくないこと、人が嫌がることを三百やる」と自分に言い聞かせています。そうすると、いつの間にかやりたいことを実現するためのスタートラインに立てる。これは修業時代からの実感です。

シェフの写真を胸に入れて仕事をする

奥田　先ほど父の借金の話をさせていただきましたが、当時私は二十一歳でしたから、自分にはまだ奥田家を幸せにするだけの実力がないことは分かっていました。だから、もう一度東京に行かせてくださいと両親にお願いして、再び上京し、新宿の高級レストランへ修業に入りました。
　で、その店のシェフが大変ストイックな人で（笑）、食器に指紋がついていたり、水槽に魚の鱗《うろこ》が一枚ついているだけでボッコボコに殴られて、毎日二十発以上はみんな殴られていました。

笠原　僕も修業中はよく叩かれましたが、そこまでじゃなかったかも（笑）。

何もないよりは賛否両論あったほうが絶対にいい。繁盛している店は必ず賛否両論あると思います。

奥田

奥田　シェフが出勤してきた時、ドアノブが早く回るか、ゆっくり回るか。最初の一歩が大きいか、小さいか。そしてパッと顔を見て、きょうはコーヒーにするか紅茶にするか、それともカモミールを温めにするか、熱めにしてミントを入れるかと判断しなきゃいけない。それでシェフが着替え終わったら、私が淹《い》れたドリンクを飲みながら、メニューを書くんです。

で、ランチタイムで忙しくなってくると暴れ始めるわけです（笑）。殴られて「何できょうこんなに追われているか分かるか！」と言われるから、「いえ……」「きょう、おまえが出したものは俺の気持ちと違ったからだ！」と。

毎日がそんな調子で、味を見てもらうだけで「違う！」と殴られ

やることないなら仕事しておけ。暇だと余計なことをする。

笠原

る。だからある時私もいたずらをして、前の日にOKをもらったソースをそのまま翌日に味見をしてもらったんです。そうしたら「違う！」と言うので、なんだ、シェフも感覚でやっているだけなんだと思って「これ昨日OKもらったのと同じやつです」と言ったら、「バカ野郎、昨日は晴れできょうは雨だ」。

　ああ、この人はただムチャクチャ言っているだけじゃなくて、すごいことを言っているのかもしれないと感じるようになって、そこから、ちょっとこのシェフについていってみようかなという気持ちになりました。

　ただ、人間そういう状況に追い込まれると、シェフが新宿駅に降り立った瞬間、分かるようになるんですよ。「あ、来た」って（笑）。出勤時間が違っても分かる。もう絶対に嫌いにならないように毎日シェフの写真を胸ポケットに入れて仕事していました。

笠原　吉兆の料理長も厳しい人で、昨日ときょう言うことが違うのは当たり前、「俺を信じるな」って言われました。

　で、いまでも心に残っていて、僕もいまうちのスタッフによく言うのは「やることないなら仕事しておけ」と。それに続く言葉が「暇だと余計なことをする」。

　大体一年目なんて休みの日は疲れて寝ちゃったりとか、先輩はパチンコなんかに行って安い給料を無駄に使っちゃう。料理長はそういうのを嫌って、「やることないなら、俺が銀座店に電話入れてやるから手伝いに行って来い」と。そのほうが賄《まかな》いも食べられるし、お小遣い程度だけれどお金ももらえるし、他店の仕事も見て勉強になる。いいことずくめだろうと言うわけです。

奥田　確かにそうですね。

笠原　料理長がそう言うので僕もよく休みの日に他の吉兆を手伝いに行きましたが、ああ、デパートのテナントとホテルの宴会ではやり方が違うなとか、やっぱり勉強になりました。

　当時は僕も、昨日まで遊び狂っ

ていた高卒のガキでしたからね、たぶん生意気だったと思います。挨拶の仕方や口の利き方、何かあったらお礼状を書くとか、社会人のあり方は全部その方に教わったようなもので、本当に二人目の親父みたいな人でした。

奥田　うちのシェフはいまだに香港のホテルで現役ですよ。かなりベテランと言えるお年なんですが、料理人になられた息子さんがミシュランで一つ星を取られたのに触発されて、「おまえと息子には負けたくない。二つ星を取るまでは日本に帰らない」と言っていて、ああ、いまだにストイックなままなんだなと嬉しく思いました。

うちの親父は すごかったんだ

笠原　そのお店で修業された後、山形に帰られたんですか。

奥田　はい。そこの店はバブル期に夜の客単価八万~十万円の店で、チャンピオン牛やブランドの魚たち、燕《つばめ》の巣、生トリュフなどすごい食材を全国、世界から仕入れていたのですが、そこにポッ、ポッと庄内の食材が入ってきていたんです。そこに庄内の可能性を感じました。

　また、人生を逆算して考えると、鶴岡に恩返しするにはここで帰らないと成し遂げられないんじゃないかと思い、二十五歳で帰郷して、地元のホテルや農家レストランで働きました。

　いずれも繁盛させたのですが、親父がだいぶ年を取ってきたので、元気なうちにオーナーシェフになった姿を見せたいと思い、二〇〇〇年、三十一歳の時に地元庄内の食材を使った地場イタリアン「アル・ケッチァーノ」をオープンしました。

　ただ、父と兄が昔の借金をまだ引き摺《ず》っていて、サラ金の限度額も満額で借りていましたから、どうにかかき集められた資金は百五十万円。ポルターガイスト現象があって、いままで入った店舗はすべて失敗しているという訳あり物件を十万円で借りて（笑）、そこからスタートしました。

笠原　僕は二十八歳の時に、今度は父親ががんで倒れました。一人っ子だったので修業を辞めて実家に帰ることを決意したのですが、進行も早くて、戻る前に父は亡くなってしまいました。

　両親がやってきた店を自分一人でやっていく。もちろん不幸なストーリーですが、発想を変えて、俺は二十八歳でオーナーシェフになったんだと、無理矢理そう思うことにしたんです。

　半年間くらいは同級生も面白がって来てくれたし、親父の頃からの常連さんも応援の意味で足を運んでくれました。でも、親父と話すのを楽しみにしてきた人たちはやっぱり僕じゃ物足りなくて足が遠のいていくし、同級生たちもそんなに金がないから安い居酒屋チェーンのほうが安上がりです。

　気がつけば「あれ、最近うち暇だな」って。閑《かん》古鳥《こどり》が鳴くってこのことなんだろうなっていうような状態になったんですよ。そうなると余った食材をどう使い回そうかなとか考えるんですよね。

奥田　あぁ、分かるなぁ（笑）。

笠原　焼き鳥の串を打っても残れば全部外して、甘辛く煮込む。刺し身用に買った魚も、南蛮漬けにして日持ちさせる。そうなると、お客さんが来ない→売れ残る→材料が悪くなり、捨てる→儲けがない→いい材料が仕入れられないという、完全な負のスパイラルになっちゃうんですよ。

　その時初めて、料理っていうのは食べてくれる人がいないとこんなにも切ないんだなと思い知りました。そして、親父はこの一本数百円という焼き鳥で俺を育ててくれたんだ、親父はすごかったんだと改めて思いましたね。

奥田　そういう時代はどのくらい続いたんですか。

笠原　そこから一年くらい続きました。借金をするまではいかなかったものの材料が思うようには仕入れられないから、メニューの黒板が埋まらないんですよ。大きな空きスペースができるので、誤《ご》魔《ま》化《か》すために「きょうは夫婦ゲンカしました」とか「築地に行ったら定休日でした」と日記みたいな一言を書くようにしたんです。

　また、時間だけはたくさんあったので、焼き鳥の他は安い野菜を使って手の込んだ料理をつくったり、いろんな料理の本を研究してフレンチをつくったり。

　そういうメニューを黒板に書いていったら、気になった人がいたんでしょうね、ちらほら新しいお客さんが入ってくるようになりました。いかにも頑固おやじがやっていそうな古い焼き鳥屋だけど若いお兄ちゃんがやっていて、シャレたレストランで出てくるような料理も格安で出してくれる。そのギャップがよかったんだと思います。一度きてくれた人が、次は別な友達を連れてきたり、会社の同僚たちを連れて来てくれるようになって、三年目には気づいたら連日お客さんで埋まるようになっていました。

　そうすると、今度はローカルテレビや雑誌の取材も続くようになって、プラスのスパイラルに入っていきました。

命懸けだと　すごい料理ができる

奥田　うちもメニュー表をつくるお金はなかったので、同じく黒板なんですよ。しかも、日本中でオンリーワンの店を目指したのでアラカルト百種類に挑戦したんです。当然、お金がないから材料は山から野草を取ってきてハーブの代わりにしたり、各農家を巡って分けていただいたり。

笠原　直取引ということですか。

奥田　いや、当時はいまよりずっと農協の縛りがきつかったので、直接買うことはできませんでした。

　そこで日本酒が好きなお父さんのところには日本酒を持っていき、野菜をお裾《すそ》分《わ》けしてもらう。お肉が好きなところには米沢牛を持っていく。もらった野菜で使いきれない分は漁港に持っていくと、魚に化《ば》ける。みんな最初は怪訝《けげん》な顔をしていましたが、次第に奥田さんは宝物を持ってくると言われるようになって、毎回仕入れに行くと車いっぱいになっていました。

　ワインも在庫を持てませんでしたから、休日に近くの酒屋を確認に行って、リストに載せておき、注文が入ると若い子に買いに行かせるんです。ただし、酒屋が二十時に閉まるから、「ワインのオーダーは七時四十五分まで」と書いておきました（笑）。

笠原　オープン当初からスタッフの方がいたんですね。

奥田　無謀にも四十三席から始めることになり、調理師学校を出たばかりの子とスタートです。

　だから、毎日が事件ですよね。冷製パスタの水分をよーくタオルで絞ってよこせと言ったら、雑巾《ぞうきん》を絞るみたいにぎゅーっとよく絞ってパスタがちぎれていたり、朝から人数分だけ焼いていたパンがオーブンから炭となって出てきたり。そういう中でアラカルトを百種類やっているともうハチャメチャで、私、二回くらい調理場で死にかけています。

笠原　ははは（笑）。それでもアラカルトの路線は変更しなかったんですね？

奥田　やっぱり食通の人が、煮る、焼く、蒸す、揚げる、ロースト、ムニエルというすべての調理法が入っている黒板を見ると、「ここのシェフ、やるな」と思われますから、料理人の意地として書いておくわけです。ただ、オーダーが入ると一瞬調理場が凍りつく自爆メニューというのがあるじゃないですか。

笠原　あります、あります（笑）。

可愛がられる人のもとに運やツキが巡ってきて、経験値が増えていくんです。 奥田

奥田　で、ある日気づいたんです。そういう大変なメニューは読みづらい字で書いて、出したいメニューは綺麗な字で書く。これが功を奏したので、アラカルトは全部ごちゃごちゃに書いて、その下に「シェフお任せでおつくりします三千円、四千円、五千円」と書いて、なるべくそちらに誘導するようにしました。

そのうちに、「日本のハーブを使いこなす男がいる」と雑誌が特集を組んでくれて、野草料理をいっぱい紹介したら、取材が続いて、全国に知られるようになっていったんです。

だから、さっきの笠原さんの話と同じで、ギャップですよね。古いお化け屋敷みたいな店に入ったら、いままで見たこともない料理を出す天才がいると。でも、本当は天才でも何でもない。舞台裏では命懸けでやっているから、料理本にない料理が次々誕生するんです。鍋が焦《こ》げて慌《あわ》てて水を入れたら、あれ、うまいじゃないかと。必死になっていると、失敗したはずが、偶然に偶然が重なって、すごい料理が誕生したりするんです。

日本人に自分の国の料理を食べてもらいたい

笠原　僕としては「息子が継いだらダメになって潰《つぶ》した」って言われるのが一番嫌でしたから、「とり将」を地元で繁盛させることができたのは一つの親孝行というか、供養になったと思っています。

大好きな地元で楽しくやっていけばいいかなとも思ったのですが、同世代の料理人仲間が独立し始めた時期に、父の親友から「君のお父さんはね、息子には銀座とか青山とか、そういうところで店をやらせたい、と言っていたんだよ」という話を聞いたんですね。

親父がそんなふうに思っていてくれたのなら、地元を出て、自分がどこまで通用するのか試したいという気になって十年前にいまの店をオープンしたのです。

奥田　そこから笠原さんの「賛否両論伝説」が始まったわけですね。

笠原　たまたま恵比寿で見つけた

働きたいのに働けない、仕事がなくて暇だっていうのが人生一番辛いと思う。

笠原

物件が「和食のみＯＫ」という条件だったので、そこにも運命を感じました。これで僕が中華やフレンチの料理人だったらできなかったわけだし。

吉兆で修業している時から、本当に日本料理って奥深いなと感じるようになったのですが、一方で「敷居《しきい》が高い」とか言われて、日本人が一番行きづらい店が日本料理店ですよね。本来自分の国の料理だから一番食べなきゃいけないのに、いまの若い人はよっぽどイタリアンやフレンチのほうをたくさん食べています。

奥田　私も外国のフェアなどに呼ばれて現地の料理人を使って料理をする機会がありますが、まずは和食を食べさせないとダメですね、動いてくれない。なぜ自分の国の料理ができなくて他の国のイタリアンができるんだっていうことです。

だから海外に行ったら、まずは魚をパッとおろしてお寿司を握って、ああ、日本の国の料理人なんだなと認めてもらって、初めて料理がつくることができます。イタリアンの料理人である前に日本人なので、ちゃんとできるとは言えませんが、ある程度和食がきちんとつくれないと世界では通用しません。

笠原　若い子が女の子とデートで行く店として、一番選択されないのは残念ながら和食です。夜、少しいいところに行こうと思ったら平気でコース一万円とか一万五千円とかかかるし、それにお酒なんか飲んで、相手の分も払おうと思ったら、一体いくら持っていけばいいのか不安ですよね。

だからいまの店をつくる時は、同世代が自分のポケットマネーで結婚記念日に奥さんにご馳走するとか、頑張った部下に奢《おご》ってやるとか、そういう使い方ができる日本料理の店にしようと決めました。メニューはロスを抑え、価格を抑えるためにワンコース、それでディズニーランドのパスポートと同じくらいの価格設定にすることができました。ディズニーは頑張れば高校生でも自分の小遣いで払えますからね。

奥田　笠原さんはお店だけでなく、いろんなメディアでも本当は難しい料理を簡単に説明されていて、日本料理への間口を広げているんだと思うんです。そこは本当に見習いたいなと思っています。

笠原　そうですね。日本料理を日本人にもっと身近に感じてほしいし、もっとその魅力を知ってもらって、食べてほしい。それがいまの私の志です。

シェフに可愛がられない人は客商売に向かない

奥田　私は「賛否両論」っていう名前もいいと思うんですよ。

笠原　ありがとうございます。こ

んな店名あったら嫌だよねっていうのをいくつか考えて（笑）、そこから選びました。要するに先ほどのギャップですよね。これが「割烹笠原」だったら、たぶんダメだったと思います。

奥田 うちの店も絶賛する人と否定的な人、賛否両論あっていいと思っているんです。何もないよりは賛否両論あったほうが絶対にいい。繁盛している店は必ず賛否両論あると思います。

笠原 僕も万人に好かれなくてもいい、自分の料理とやり方を認めてくれる人が来てくれれば、という思いも店名に込めています。

奥田 世に出てくるシェフは、自分が思い込んだら世の中のいろんな批判に一喜一憂せず、とにかくやってみて形にする人が多いと思いますね。そしてゼロから一を生み出す創造力があって、さらに八十から百（完成形）にするまでが早い。そこがプロとアマチュアの違いだと思うんです。

笠原 いま日本中に星の数ほど飲食店があって、それなりに払えば、そこまでまずい店ってないと思うんです。その中で僕がモットーにしていることは、働いている人たちが楽しそうにしていること。子供の頃も、楽しそうにしているグループに「交ぜて」って人が集まるじゃないですか。それはスタッフにいつも言っています。

それと、やっぱりこの仕事って人を喜ばせたり、驚かすのが好きなことが基本ですから、例えば誕生日のお祝いに使いたいというお客さんがいて、ただ毎回ケーキにローソク立てるだけの人よりは、「こんなことをしたらもっと喜びますよね」と考える人のほうが向いています。

奥田 確かに、人様に尽くして尽くして尽くし切って成り立つ職業ですから、いつも私は面接の時に言うんです。「せめてその店のシェフに尽くして可愛がられるようじゃなければ、客商売をしてもうまくいかないよ」って。

シェフに可愛がられるということは、チャンスが大きくなるんですよ。海外出張にも連れていくし、そうすれば世界の三ツ星レストランに一緒に行って私に奢ってもらえるわけだし（笑）。要するに可愛がられる人のもとに運やツキが巡ってきて、経験値が増えていくんです。

笠原 同感ですね。気に入られるっていうのは、別に媚《こ》びるとか、そういうことじゃないんですよね。一つの才能なのかな。料理の腕があっても、「何でそういう口の利き方をするかな」ってイラッとさせる奴もいますから（笑）。

奥田 大体二十五歳までに一通りできるようになって、そこから壊れながら大きくなっていく子と、例えば「これ以上お客さんを入れたら回らなくなります」とか、壊れないように自分を守っている子とでは成長が違ってきます。

それと、こちらが「おまえ、よくそこまでやったねぇ」ということが何回か続くと、この子に経験を積ませてやりたいと思いますよね。せめてその店のトップにそう思われなければ、将来たくさんの人を幸せにはできないですよ。

俺は四人分働こう

笠原　二店舗目となる名古屋店を任せた料理長は、仕事はきちんとやる責任感の強い奴だったんですが、少し年が若すぎるかなと悩んでいたんです。でも、いつもは寡黙な彼が「料理長は自分じゃダメですか」と自ら言ってきた熱い思いに賭けたところはあるんですよね。技術的には未熟でも、まだまだこれから伸びるだろうと。案の定、料理長にしてからぐんと成長しました。

奥田　二通りいますよね。料理長にするとボンと成長する子と、プレッシャーで萎縮《いしゅく》してしまう子と。

笠原　やっぱり、この名古屋の店はどうしても成功したいと思っていましたからね……。

実は二店目を出さないかというお話は結構前からいろんなところからいただいていて、すべて断っていました。三年前に亡くなった妻が「あんたは騙されやすいから、二号店とか絶対出さないほうがいい」って言っていたので。

でも、この名古屋の話だけは初めて「やってみたら！」と言ってくれていたんですよね。オープンした店舗を見ることなく亡くなりましたが、そういう意味ではカミさんの弔《とむら》い合戦のような思いで出店したんです。

奥田　……奥様のお話をお聞きした時は驚きました。まだお若かったですよね……。

笠原　三十代の後半でした。父も、母も、そして今度はカミさんまでがんで亡くすなんて、時々言いようもない憤りが湧いてくることがあります。何で自分ばっかり大切な人がいなくなっちゃうんだろうと思う時もあるけど、そこで僕が悲しんで立ち止まっても、子供たちやスタッフはもちろん、両親もカミさんも喜ばない。だから、歩き続けるしかないんですよね。

奥田　私もずーっと八方塞《ふさ》がりで、二十一歳で背負った借金問題のカタがついたのはつい数か月前です。督促状は来るわ、本やテレビに出れば借金取りは来るわ、一方で私は山形県の親善大使をやっていました。

お金もなくてね、妻と育ち盛りの子供二人の四人家族で、一日の食費を七百円という生活を十四年間も続けました。

八方塞がりの時は何をやってもダメなんです。こっち行ってもダメ、あっち行ってもダメ。それでも、私が庄内の食材に可能性を感じていたように、遠くに小さな光が一点見える。もうそうしたら、そこに真っ直ぐ向かって進んでいく。途中でいろんな誹謗《ひぼう》中傷にも遭いますよ。私も庄内の野菜を何とかしようと海外に売り込みに行った時も売名行為だと散々叩かれました。それでも心折れずに光に向かって進み続けると同じ志を持っている人が現れて仲間になる。そうして最後の最後にその小さな光が開いていって暗闇が全部光に変わる、事態が好転していくということを何度か経験しています。

　笠原さんもそうですけど、世の中で成功していると言われる人って、ずっと光の中を歩んでいるんじゃなくて、何度暗闇が訪れても歩みを止めず、光を目指し続けた人なんじゃないかと思います。

笠原　両親が亡くなって、僕は自分の人生と合わせて「三人分働こう」と思って生きてきました。今度はカミさんの分も合わせて「四人分」ですが、ありがたいことに、四人分仕事をしてもまだ足りないくらい仕事が来ます。

　三人ともまだ若かったし、もっと働きたかっただろうなって思うんですよ。僕は、働きたいのに働けない、仕事がなくて暇だっていうのが人生一番辛《つら》いと思う。だから仕事をさせてもらえることは、本当にありがたいです。

　お店もスタッフも増えて、成功したみたいに言う人もいますが、僕はまだ四十二歳で日本料理の世界では若手ですから、もっと腕を上げて天国の両親やカミさんに一流の料理人だと認めてもらえるように鍛えなければと思います。

奥田　私は目指すところに四つのステージがあって、「アル・ケッチァーノ」を危機的状況から繁盛店にすることと、食で庄内を元気にするということは、ユネスコにも指定されましたので、あらかた軌道に乗ったと思っています。

　次は生産者の所得を上げて後継者問題を解決すること。これも私の周りでは九十㌫できています。

　そしてこれからは日本の在来種の野菜の味を復活させ、世界無形文化遺産の和食を昔の味でも再現できるように、いま生産者の方と一緒に取り組んでいるんです。

笠原　それ、面白いですね。またぜひ見に行かせてください。

奥田　ぜひぜひ。この取り組みは私一代で終わるものではなくて次世代にも引き継いでやっていく大きな目標です。遠くに見える小さな光を信じて歩み続けていきたいと思います。

> **世の中で成功していると言われる人は、何度暗闇が訪れても歩みを止めず、光を目指し続けた人なんじゃないかと思います。**
>
> 奥田

ワンポイント

偉人の生き方に学ぶ 2

安田善次郎「身家盛衰循環図系」

数々の破綻《はたん》銀行を救済し、「金融王」といわれた安田善次郎。富山藩の下級武士の子として生まれた善次郎が、わずか一代で安田財閥を築き上げた原動力はどこにあるのか。曾孫の安田弘氏にその足跡をお話しいただいた。

安田一族のスーパースター

「銀行王」と呼ばれた曾祖父・安田善次郎は、我々一族からすると、スーパースターのような存在で、皆の尊敬の的でもありました。直系の曾孫にあたる私も、幼い頃から「初代の教えに従って生きなさい」「初代のなさったのはこういうことですよ」といった話を聞かされて育ちました。

その善次郎が安田家に遺した教えの一つが次頁の「身家盛衰循環図系」です。この図の中で、善次郎はまず、人間は困窮《こんきゅう》するところから始まる、というのです。困窮すれば、挫折《ざせつ》をするか、発奮《はっぷん》するかのどちらかだ。挫折をした者はそこでおしまいだが、発奮した者は勤倹《きんけん》する。勤倹貯蓄《ちょちく》を実践すれば、富足、つまりお金ができる。

お金ができれば、豪奢《ごうしゃ》な遊びをして利を貪るか、修養に励んで義を悟《さと》るかのどちらかだ。利を貪《むさぼ》れば、やがて煩悶に陥ってまた元の困窮へと戻ってしまう。しかし修養に励んで義を悟れば、清らかな境地に至り、安楽に暮らせるのだと説いたのです。

曾祖父は非常に意志の力が強い人で、「克己」を自身の座右の銘にしていました。生きていく中で起こってくる様々な誘惑に負けず、己の弱い部分を抑えながら、自らに打ち克っていかなければいけない。曾祖父はまさにそうした姿勢で一生を貫いた人でした。

安田不動産顧問

安田 弘

やすだ・ひろし――昭和8年東京都生まれ。学習院大学政経学部卒業。沖電気工業を経て、54年ジャーディン・マセソン・ジャパン社長、会長を経て、平成14年JPモルガン・アセット・マネジメント取締役相談役。セコム社外監査役、マンダリン・オリエンタルホテル東京 代表取締役会長、明治安田生命保険社外監査役等を歴任。現在、安田学園教育会（安田学園）理事長、安田不動産顧問。

安田善次郎　年譜

天保9年 1838年　安田喜次郎（幼名・岩次郎）、越中富山の鍋屋小路に生まれる

嘉永7年 1854年　16歳　江戸へ出ようとして郷里を出奔したが、飛騨から引き返す

安政4年 1857年　19歳　江戸に出たが、間もなく叔父に連れ戻される

安政5年 1858年　20歳　両親の許しを得て再び江戸に出、玩具問屋に奉公

万延元年 1860年　22歳　日本橋小舟町の銭両替商兼鰹節商「広林」に奉公

文久3年 1863年　25歳　日本橋葺屋町裏通りに借宅して独立し、小舟町で露店の銭両替を営む

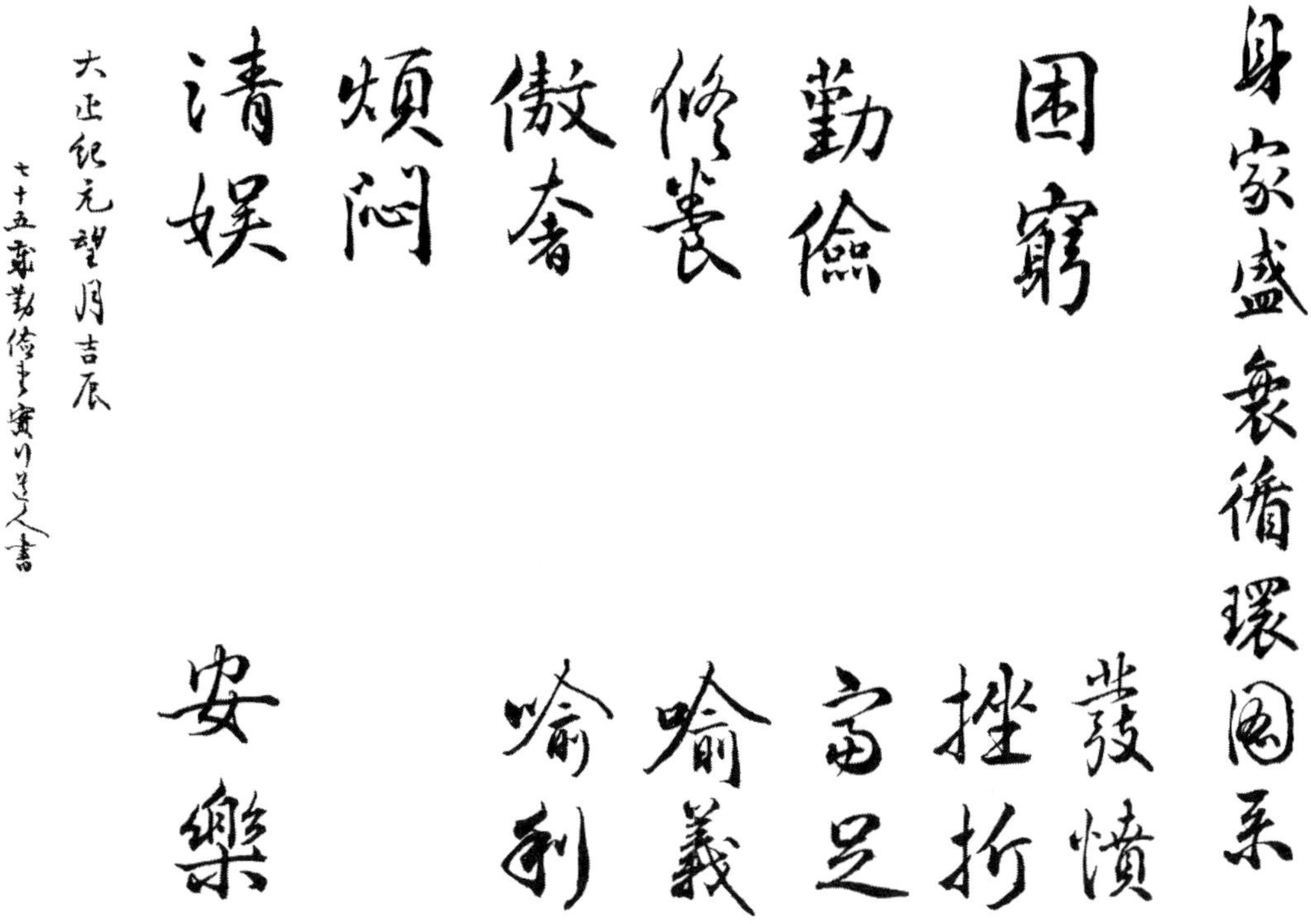

安田善次郎が75歳の時に著した「身家盛衰循環図系」

安田 善次郎

やすだ・ぜんじろう——天保9年～大正10年（1838～1921）。富山生まれ。20歳の時、富山から上京。安田銀行（後の富士銀行、現みずほフィナンシャルグループ）をはじめ多数の企業からなる安田財閥を一代でつくり上げた。晩年、東京大学安田講堂・日比谷公会堂などを寄付し、公共事業にも貢献した。

元治元年 1864年	26歳	日本橋乗物町に海苔鰹節砂糖店兼銭両替店を開業、「安田屋」と称し、善次郎と改名
慶応2年 1866年	28歳	日本橋小舟町に移転し「安田商店」と改称、両替を専業とする
慶応3年 1867年	29歳	幕府の古金銀回収取扱方を一手に引き受ける
明治5年 1872年	34歳	本両替商となる
明治13年 1880年	42歳	合本安田銀行開業。共済五百名社（安田生命の前身）設立
明治20年 1887年	49歳	帝国ホテル等の会社設立に参加
明治26年 1893年	55歳	東京火災保険会社の経営引き受け、安田関係会社に編入。帝国海上保険（株）を設立、安田関係会社に編入
明治32年 1899年	61歳	東京湾築港計画を内務大臣に申請（不許可となる）
明治37年 1904年	66歳	政府の懇請により百三十銀行の整理受託。財界の危機を救う
明治43年 1910年	72歳	浅野総一郎を後援し、東京湾築港計画願書を再度提出（不許可となる）
明治44年 1911年	73歳	（株）安田銀行設立。安田商事（株）設立
大正10年 1921年	83歳	後藤新平の東京市政調査会設立ならびに東京都市計画案（8億円計画）に賛同し、寄付につき内談。東京帝国大学に対し講堂寄付を申し出る。9月、大磯別荘にて朝日平吾により刺殺される

本気で向き合えば可能性は開ける

二〇一六年のリオ五輪でシンクロ日本代表ヘッドコーチに復帰。
デュエット、団体ともに見事銅メダルをもたらした井村雅代さん。
その厳しい指導ぶりから〝鬼コーチ〟の異名も取る名伯楽は、
前回五輪でメダルなしに終わった
日本の選手たちをいかに鍛え上げたのか。
その苦心の足跡を振り返っていただきながら、
ご自身の体験を通じて築き上げた人育ての極意をお話しいただいた。

井村 雅代

シンクロナイズドスイミング日本代表ヘッドコーチ

いむら・まさよ——大阪府生まれ。中学時代よりシンクロナイズドスイミングを始める。選手時代は日本選手権で2度優勝し、ミュンヘン五輪の公開演技に出場。天理大学卒業後、大阪市内で教諭を務める傍ら、シンクロの指導にも従事。昭和53年日本代表コーチに就任。平成18年より中国、イギリスの指導を経て、26年日本代表ヘッドコーチに復帰。リオ五輪ではデュエット、団体とも銅メダルを獲得。五輪でのメダル獲得数は通算13個となる。著書に『あなたが変わるまで、わたしはあきらめない』（光文社知恵の森文庫）『井村雅代コーチの結果を出す力』（PHP研究所）など。

日の丸を背負う醍醐味を味わわせてやりたい

——リオ五輪では、デュエット、団体とも見事に銅メダルを獲得。おめでとうございます。

井村　ありがとうございます。何とかメダルを取る国に返り咲くことができました。頑張ればメダリストになれることを形として示せたことは、日本のシンクロ界にとってすごく大きかったと思います。

——選手の皆さんの演技は本当に素晴らしかったですね。

井村　いやぁ、もう無理やりにメダルに漕ぎ着けたというのが正直なところで（笑）。あの子たちは、勝つためにどんな覚悟で臨むべきかとか、どこまで自分を追い込まなければならないのかとか、そういうことをあまりにも知らなさ過ぎました。

　あの中には、私が日本から離れていた間に日本代表になって、ロンドン五輪に出場した子が五人いるんですけど、彼女たちはその間に勝つ喜びも、負ける悔しさもほとんど経験していない。日の丸を背負う選手としての醍醐味《だいごみ》を味わったことがなかったんですよ。「ロンドン五輪でどんなことを覚えている?」って聞いたら、「五位だったから、試合が早く終わって暇だったことだけ覚えています」と。何やそれ、それはないよって（笑）。

もちろんずっと選手を続けているわけだから、シンクロが好きだし、強くなりたいとも思っている。だけど日の丸を背負う辛《つら》さとか、あの心臓が口から飛び出すほどの緊張感とか、それをギリギリのところで乗り越えた時の喜びや解放感とか、そういうものを何も味わってきていない。だからジャパンのユニフォームは着てるけど何か背筋が伸びない。この子ら本当に可哀想やなぁと思いました。

――強豪の日本選手が、なぜそうなってしまったのでしょうか。

井村　それは何かっていうと、負けても「精いっぱいやったから、それでいいじゃないの」っていう言葉にごまかされてきたんです。いま日本に充満してる言葉ですけどね。

そう言われると一瞬は救われますよ。でも五輪の舞台で一所懸命戦うのは当たり前だし、そこで負けて悔しくなかったら嘘《うそ》ですよ。

私には、負け損はない、負けたら何かを得て帰らなければならないという考えがあるんですけど、そのためには負けた原因をピシッと押さえること。痛いとこに触れないとダメです。それが次の道標《みちしるべ》になるんです。

ところがあの子たちは、痛いところに触れない大人に囲まれてきたために、選手としての醍醐味を味わえずにきたんだと思います。大人がそうさせたんですよ。

――確かに、そういう風潮はあるかもしれません。

井村　よく引退した選手が復帰することがあるけど、あれは普通の社会人では味わえないような達成感が忘れられないからなんです。日の丸を背負う選手の重圧はとてつもないけど、それをはね除けた時の喜びも大きい。ギリギリまで追い詰められて自分を知る素晴らしさもある。だから私は、日の丸を背負う選手にしか味わえない醍醐味を、この子らに味わわせてやりたいと思ったんですよ。

彼女たち自身も「オリンピックのメダルが欲しい」と言いました。でもやってることはとてもメダルが取れるような練習じゃない。足らんとこだらけですよ。私は「本当にメダルが欲しいの?」って何回繰り返したか分かりませんけど、あの子たち、それだけはハッキリ「はい!」って言うんです。

そしたら分かったと。あいにく私は金メダルは取ったことはないけど、銀メダルまでならどんな演技をしたら取れるかは見えてる。そこまで言うなら、連れていってやろうと。そうして本気で向き合い始めたら、まぁ彼女らの言うところの〝地獄の練習〟になってしまったらしいんですけど（笑）。

あの子らは宇宙人や!

――二〇一四年にコーチに復帰し、実際に選手たちの指導を始めての印象はいかがでしたか。

井村　とにかく何もできていませんでした。シンクロをやってるくせに、泳がせたら遅い、テクニックは下手。あなたたち何を練習していたのって。練習に取り組む姿勢、日常の生活の仕方、考え方、とにかく全部がおかしいんですよ。

それ以前に、彼女たちの様子が何か変なんです。

――と、おっしゃいますと?

井村　私は二〇〇四年に日本を離れて、ずっと中国やイギリスで指導していましたから、かつて指導した日本選手の後輩を教えるという気持ちで臨んだんです。ところ

負け損はない、負けたら何かを得て帰らなければならない。

が会ってみると、全然違う。もう変や、あれは。国籍まで違うのかと思うくらい。日本語すらまともに通じへんもの。

あの子たちは最初、私に何を叱《しか》られているのかも分からなかったって言ってます。とにかくプールサイドに出た途端に、私に文句を言われるわけですよ。「そんな暗い格好をして現れるな！」って。だって、朝一番から下を向いて背中を丸くして入ってくるんですから。何かもう、自分で自分の心にスイッチを入れて、さぁ頑張ろう！　とか、そんなのが全然ないんです。

――それでも、厳しい指導に皆さん素直について行かれたのですね。

井村　少しは反発しろよと思いましたよ。私に言われっぱなしで腹が立たないの？　って。

二〇〇四年までの子は違いましたね。気に入らなかったらブスッとする。あの子たちは、私に三回同じことを言わせたら、自分の負けだと思っていた。絶対に同じことを三回も言わせないぞって。

だけど今回の子は何を言われてもへっちゃら。一方通行。何か返してこいよって。とにかく変。宇宙人やと思いましたわ（笑）。

――それでもメダルを取りたいという気持ちはあるわけですね。

井村　取りたいんです。そう思ってやり続けてきたけど、取れなかった。裏切られっぱなしで心の半分は「でもムリだよ」って思ってた。

それが、私がコーチに復帰して半年後、二〇一四年のワールドカップでウクライナに勝ってメダルを取った。彼女たち本当に喜びましてね、あれがすべてのスタートでしたよ。

時間がない時に いかにして結果を出すか

――時間もない中で、どのように指導なさったのですか。

井村　時間のない中で結果を出すためには、全部に手を入れたらダメ。一個だけ手を入れるんです。

あまりにも下手過ぎるこの子らを、何とか表彰台に立たせようと思って一つだけ教えたのが、動きをシャープにすることでした。泳ぐスピード、脚を動かすスピード、それだけ教えて動きをシャープにすることに集中したんです。ですから本番でも元気だけはすごかった。それで何とかメダルを取ったんです。

――復帰早々、見事に結果を出されたのですね。

井村　私は外国に行ってよかったのは、期限つきで成果を出すということを学べたことです。「次の試合でこうしてくれ」ってオファーをいただいて行くから、必ず結果を出さなければいけないんです。

中国のコーチに就任したのは二〇〇六年の十二月二十五日でしたけど、翌年の三月にはメルボルンの世界選手権。準備期間は正味二か月半しかありませんでした。

中国の選手って皆モデルみたいにスタイルがよくて、きっと素晴らしい選手だろうと思って行ってみたら、全然筋肉がなくてビックリしたんです。中国はシンクロをダイエット種目と勘違いして、選手たちにろくに物を食べさせてなかったんですよ。すぐに腹筋と背筋が四十回ずつできるようにさせたんですけど、私が本気で鍛えたらきっとこの子らは潰《つぶ》れると思いましたね。

――それでどうなさったのですか。

井村　その時に彼女たちにやらせたことは、挨拶をすること、ありがとうを言うこと、それからお愛想笑いを教えたんです。

　中国人を見ると感じますけど、あの人たち実に愛想がないでしょ。それを直そうと思って、私は彼女たちに会う度に「ニイハオ」とか「おはよう」って言い続けたんです。朝、バスで練習に行く時なんかボーッと背中を丸くして乗ってくるから、私はいつも先に乗って待ち伏せをして「おはよう！」ってニコッと笑う。毎朝バスに乗るなり「おはよう！」の言葉が飛んでくるから、彼女たちも条件反射で「おはようございます！」って、背筋をしゃんと伸ばして乗ってくるようになりました。

リオ五輪でフリールーティンの演技に臨む日本チーム　©EPA＝時事

　挨拶、ありがとう、お愛想笑いの三つができるようになったら、その集団は明るくて元気な集団になるんです。すぐに、日本のコーチが中国のチームを明るくした、次の北京オリンピックで何かやってくれそうだって評判になりました。実際、メルボルンの世界選手権で中国は過去最高の四位になって、一年五か月後の北京オリンピックでは銅メダルを取ったんです。

私についてきたって メダルなんか取れない

――ワールドカップでメダルを取ってからの日本選手たちの様子はいかがでしたか。

井村　彼女たちには夢物語だったメダルが現実になって、次の二〇一五年の世界選手権でメダルが取りたいって言い始めたんです。

――選手たちの心にスイッチが入ったわけですね。

井村　まだスイッチなんか入ってませんよ。まぁ私についていったらメダルまで連れていってくれるかなと思ったんでしょう。だから、「私についてきたってメダルなんか取れないよ！　私についてきて何をするかなんだよ！」

　っていうことは、ものすごく言いました。それでも私の日本語はまだまだ通じていなかった。だから、なぜ朝は元気そうに振る舞わなければいけないんだとか、しんどくてもしんどそうな顔をしてはいけないとか、誰が原因でできないかを追究して直していくことの重要性とか、辛抱強く説き続けました。

　あの子たちが一番好きなのは「皆と一緒」。一番ホッとする言葉が「チームワーク」と「絆」。一番嫌いなのは「目立つこと」。そのくせ勝ちたいって、おかしいでしょ（笑）。そういうふうに我われ大人が育てたのよね。家庭でも学校でも「皆一緒に頑張りましょう」って。レベルの高いところでそれを言うならいいんです。でも、そんな低いところで皆で一緒に頑張ってどうすんのって。

　だから私はチームで泳いでる時も「あなたがダメ」って言うんですよ。「犯人はあなた」って。だって個人の集まりが集団ですから、個人の欠点をなくしてスキルを上げないと、集団がいいものにならないじゃないですか。

――確かにおっしゃるとおりです。

井村　さっきも触れましたけど、

彼女たちは自分で自分の心のスイッチを入れられない。もう日本の若者は大丈夫かいって感じですね。

　これは冗談ですけど、たまに銃弾でも飛んできたら少しはピリッとするんじゃないやろか（笑）。豊かで、平和で、周りは皆優しくて、失敗しても「頑張ったからいいじゃないの」っていう中で生きてきたのがいまの日本の若い子ですよ。

　それを戦う集団にしようと思ったら、足を引っ張ってる人に「あなたが悪い」ってハッキリ言うこと。それは虐《いじ》めじゃなくて、いいものをつくるための原因追究です。

　できてる子にも繰り返し言いました。「ちゃんとやってくれない子に、どうして腹を立てないの？

　いい加減にしてよって言いなさいよ！」って。「もっと怒りなさいよ、焦りなさいよ、オリンピックの日は決まってるのよ」って。

　そうしたらあの子ら「私も失敗するから言えません」って言うんです。それでも言いなさいって。言ったからには失敗できない。そうやって無言で自分にプレッシャーをかけるんだって。「チームがバラバラになるのが怖い」とも言ってきました。絶対にならないって、だって最終目標は一緒なんだから。

最後の最後に支えになるもの

——リオ五輪直前のグアム合宿の練習は、壮絶を極めたそうですね。

井村　朝は五時四十分から自主練習が始まります。朝食後にストレッチ、ウォーミングアップをして、八時から練習。昼食を挟んで筋力トレーニング、ウォーミングアップをして、夜の九時まで練習。その後ストレッチや練習ビデオのチェックをするから、全部終わるのはいつも夜中の十二時でした。

——途轍《とてつ》もない練習量ですが、具体的にはどんなメニューを。

井村　演技の練習はもちろんですが、それ以外にも例えば腹筋だったら多い日は一日二千回。それから練習前にはまず百メートルを十本、さらに二百メートルを十本泳ぎます。設定タイムが切れなかったら何度でもやり直しますから、いつもだいたい五千メートルくらいは泳いでいましたね。それを終えてやっとシンクロの練習が始まるんです。

　一般の人から見たら異常に映るかもしれませんけど、メダルを取るならこれくらい当たり前です。それで普段から、この子たちの当たり前のレベルを上げるためにずっとやってきてるんですから。

　だけど皆暗い顔しとったなぁ。もう練習メニューを聞いただけで泣く子がいるの（笑）。涙を流したらエネルギーがいるからやめとけ。泣いていいのは、親が亡くなった時と、メダルを取った時だけって言うんだけど。

　私も心の中では、課題をクリアできない子に対して「お願いだからクリアしてよ」って祈るような気持ちですよ。疲れてくるとますますクリアしにくくなるでしょ。でもそこで「もうええよ」って言ったら、次も負けてくれるやろうって甘えが出てきます。だから心を鬼にしてクリアするまでやらせる。ようやくできた時は、心の中で「あぁよかった」と。もう自分との闘いですよ。

——選手の心が折れてしまうことはないのですか。

井村　だから一人ひとりの体力と心の状態をすごく見てますよ。この子はもう限界に近いなとか。そこら辺の瀬戸際の心を見て言葉を掛けるんです。

——やはり一人ひとりの限界も違うのでしょうね。

井村　もう全然違います。怒られても自分で心を整理できる子もいれば、自分の中にこもっていく子もいる。だから一人ひとりよく見極めた上で、本番でどんな状況に

最後の最後に支えになるのは、本番までにどこまでやったか、それ以外にない。

なっても大丈夫なところまで追い込んでおかないとダメ。

ですから最後のグアム合宿では、ともかく最悪の条件のもとで練習しようと思ったんです。そして、風が吹く、雨が降る、練習はきついという中で、形を崩さずにキチッと演技できるようになってきたのを見て、あぁこの子らはもうどんなハプニングがあっても何とかするわというのが見えてきました。

とにかく最後の最後に支えになるのは、本番までにどこまでやったか、それ以外にないですよ。

選手を追い込んだ責任は メダルを取らせて果たす

――本番では、どんな言葉を掛けて選手を送り出されましたか。

井村　デュエットの二人には「思い切って行ってきなさい。これまでやってきたことを見せてきなさい」って送り出しました。団体のチームには「私の指導歴の中でも一番ハードな練習をしてきたんだから、あなたたちにできないわけがない」と。

――心が奮い立つ言葉ですね。

井村　団体のチームにはもう一つ、「丁寧にするな」とも言いました。本番で失敗したくないと思うと丁寧にするんです。ちゃんとしたところにもっていこうとして探ろうとする。それはするなと。十点はいらない。瞬間に懸けなさいと。

試合の直前というのは、やっぱり失敗したら嫌だから縮こまってしまいがちです。だから何を言ってやったら吹っ切れるか、攻めの泳ぎをしてくれるか、一人ひとりの様子を見ながら考えますね。その時にどんな言葉が心の中から迸《ほとばし》るかは、やっぱりその時にならないと分かりません。

――デュエットで銅メダルを獲得した日は、奇《く》しくもご自身のお誕生日と重なりましたね。

井村　オリンピックは九回目でしたけど、決勝の日と誕生日が重なったのは初めてでした。二人がメダルを持って来て「お誕生日おめでとうございます」って言ってくれた時は本当に嬉しかった。

結局、私はあの子たちの「メダルが欲しい」という思いに引っ張られましたね。その思いには何とか応えることができた。表彰式を客席から見ながら思いました。私はコーチとしてこの子たちをとことん追い込んだ。追い込んだことへの責任の取り方は、メダルを取らせることなんだと。

無茶苦茶追い込んだけど力が足りなかったよねっていうのはダメですよね、やっぱり。選手たちに「あれだけやったけど、やっぱり私たちダメだったね」とは言わせたくない。表彰式を見ながら、責任を果たせた安堵感《あんどかん》が込み上げてきました。練習中はあれだけ泣きそうな顔をしてた子らが、ほんま綺麗やったわぁ。

たった一人でもいい 誰かの人生によい影響を

――井村先生がシンクロをお始めになったのはいつですか？

井村　中学一年の時です。堺の浜寺水練学校からいただいた勧誘のハガキにいくつか種目の紹介が

人というのは、追い込まれて追い込まれて、もっともっとって求められるところから、本当の力って出るんじゃないでしょうか。

あったんですけど、母が「シンクロって綺麗だよ」って言ったんです。綺麗だったらしようかなって、それだけなんです。

うちは母が綺麗なものが好きで、自宅のテレビでもクラシックバレエとか、フィギュアスケートとか、そういう美を競うものをよく見ていたので、その影響も大きかったと思います。

でも、私は運動神経が全然よくなかったし、泳ぐ時もいつも皆に抜かれていました。ただ、練習を休むことだけはしなかったんです。

――なぜ続けられたのですか。

井村　指導してくださっていた先生がミーティングの時に、才能があるのに休む先輩に向かって「ともかく練習に来なさい。来たら何とかしてあげるから」っておっしゃっていたんですよ。下っ端の私はそれを自分に向けられた言葉と受け止めて、黙々と通い続けたんです。人が休んでも、私は行くんやって。

結局私にあるのは、とにかく休まないこと、続けること、それだけが唯一の才能だと思います。

コーチになってからもそうですよ。絶対に練習は休むまい。休むなんて恥やと思ってました。中国にはトータルで四年半くらい行っていましたけど、あの時も一回も休みませんでした。休んで練習の計画が狂うのも嫌だったけど、意地もありました。わざわざ日本から行って休むなんて許せないって。だから日本にいる時よりものすごく健康管理に気をつけたんです。

――影響を受けた方はいらっしゃいますか。

井村　私が現役の頃のシンクロはマイナースポーツで、それをずっと引け目に感じていたんです。ところが大学時代の体育の先生が「僕はシンクロが日本でどれだけの競技人口があるか知っているし、君が日本選手権で優勝したチームの一人だということも知っている」とおっしゃって、特技点で百点をつけてくださったんです。他のスポーツと同じように公平に見てくださったことが嬉しくて、シンクロをすることに胸を張れるようになったんです。

私はその体験から、一人の人間が一人を助けたら、この世の中がよくなると思いましてね。私もたった一人でもいい、誰かの人生にいい影響を及ぼす人になりたいと思って、大学を出て中学校の教師になったんです。

生きているうちに本当にやるべきことをやる

――シンクロの指導者になった経緯は？

井村　実は、教師時代からシンクロのコーチと二足の草鞋《わらじ》を履いていたんですけど、一九八一年頃シンクロがオリンピックの正式種目になって、専任でオリンピック選手を育ててくれと頼まれたんです。すごく悩みましたよ。やっぱり教師って生涯の仕事ですからね。悩んで先輩の先生に相談したら、「あなたでなければいけないほうをしなさい」って言われたんです。その時私はすごく荒れた中学校で生活指導の怖い先生をしていて（笑）、この学校を静かにさせるのは私でなければダメという思いがよぎりました。でもその先生は、「この学校はあなたがいなくても回る」っておっしゃって肚《はら》が決まったんです。実際、私が退職した後にもっと怖い先生が来て見事に学校を治められましたよ（笑）。

　その経験から思うんですけど、いくら大事な人が死んでもちゃんと時は流れていくんですね。だから余計に死は悲しいんですけど、それならやっぱり生きているうちに、本当にやるべきことをやらなければいけないと思うんです。

——シンクロの指導者として影響を受けた人はいますか。

井村　それは特にないんですけど、一つ転機になったのは、指導を始めて間もない頃、私のチームメートだった藤原姉妹のコーチになったことです。彼女たちは双子で、世界三位の実力者だったんですが、コーチが結婚しておやめになって、他に人がいなかったので指導することになったんです。

　選手のほうがレベルが上っていうのは、コーチにはものすごく辛いんですね。双子だから体も一緒で息も合ってる上に、すごく練習熱心なんです。ある時スピンの練習をしていたら、微妙に合ってないところがあったんだけど上手く指摘できない。仕方なく「大体合ってるわ」って言ったら二人が顔を見合わせて「水の中では合ってないもんね」って言ったんですよ。ムカッとしましたね（笑）。

　結局私には見抜く力がない。それが悔しくって、ノートに「シンクロの同調性とは何だ?」ってブワーッて書き出したんです。音の数え方、構え方、指先の伸ばし方、水面からの深さ……考えつく限り書き出して、それを練習で見ていった。

　半年くらい経ったら、何が原因で合わないかちゃんと見抜けるようになって、結果的に二人は世界選手権で二位になったんです。「おかげで三位から二位に上がれました」ってお礼を言われた時、私は勝ったと思いましたね。この選手たちに勝ったって。

この先生についてきてよかったと言わせたい

——五輪で合計十三個ものメダルを獲得してこられましたが、人を育てる秘訣は何ですか。

井村　試合が終わった時に、やっぱりこの先生についてきてよかったと言わせたい。いつもそう思いながら指導しています。

　この頃は特に、この子たちの人生の大切なひと時を預かっているんだと強く思うようになりました。自分の導き方一つで全《まった》く違う人生を辿ることになる。だから一人ひとりの人生を大事にすること。それは特に心掛けています。

　ですから日々の練習では、一つでもいいから絶対に上手にして帰らせようという思いで指導するんです。しんどいだけで終わらせてはいけない。何か一つでも進化した自分を体験させてやろうと。

——選手を叱る際に心掛けておられることはありますか。

井村　叱る裏には責任があります。それはしっかり自覚しなければいけません。

　私もできることなら褒めて勝たせたいですよ。でも残念ながら難しい。褒めたらその子は、これくらいでいいんだって思い込んでしまうんです。NGを出して、もっともっとさらに上を求めるのは、その子の可能性を信じているからなんです。この子たち一人ひとりにものすごい可能性がある。私はそう信じているんですよ。

もちろん、たまには褒めたいって思うこともありますよ。それでリオ五輪の時、決勝前の練習でちょっと褒めたらデレデレ緩んできたんです。これはあかん！　と思ってまた叱りましたけど、最後までそんなことを繰り返していましたね。やっぱり人というのは、追い込まれて追い込まれて、もっともっとって求められるところから、本当の力って出るんじゃないでしょうかね。

——叱るのも簡単ではありませんが、何かコツはありますか。

井村　叱るコツは三つあると私は考えます。一つは現行犯で叱ること。二つ目が直す方法を教えること。三つ目がそれでＯＫかＮＧかをハッキリ伝えることです。そこまでやらないなら叱ってはダメ。それは無責任です。

——選手には嫌われても構わないともおっしゃっていますね。

井村　全然構わない。だから余計に、すべてが終わった後に「この先生についてきてよかった」って言わせたいんです。だってその選手を指導するっていうのは、これ運命的な出会いですよね。だからなおさら「この人に教えてもらってよかった」と言わせたいんです。

伸びる選手は どこが違うか

——これまでたくさんの選手を指導してこられた中で、伸びる選手はどこが違うと思われますか。

井村　人の言葉を信じてくれること。やっぱり心にシャッターを下ろす子はダメです。

　人の話を聞く時は、耳で聞き、頭で聞き、心で聞かないとダメなんですね。耳で聞いていても心のシャッターを下ろしてる子はあかん。選手にはハッキリ言うんです。「あなたはいま心のシャッターを下ろしてるから、もう言うのをやめる」って。いくら言っても入りませんから。

　それはその年になるまでの教育環境にも大きく左右されますね。人間は信じるに値するという考えのもとに育てられたかどうかです。

　もう一つ大事なのが「心の才能」です。

——心の才能とは？

井村　自分で限界を決めないこと。できないことにぶつかった時に心の才能のある子は、もうムリだと考えるんじゃなくて、「あぁ私の努力が足りなかったんだ。だったらもっと努力しよう」と素直に思って、一ミリでも自分を高めようとする。別の言い方をすれば、しつこいんです。

　この頃、とみに思うのは諦めるのはいつでもできるということ。だから諦めたらあかん、諦めたらもう終わりだって。でも、そこで頑張り続けたらそれが当たり前になる。当たり前になったらまた前にいくんです。だから自分で限界を決めたらダメ。自分の可能性を信じなさい。思わぬ可能性が自分には秘められているんだよって。

　ですから、心の才能があって、

心の才能があって、心のシャッターを開けていたら、人って変われますよ。

心のシャッターを開けていたら、人って変われますよ。そして、そういう自分を助けてくれる人は世の中にいっぱいいるんです。

――それはオリンピック選手に限らず、誰もが心すべき成功の要諦《ようてい》と言えますね。

井村　おっしゃるとおりだと思います。

　そして指導者は、選手と本気で向き合ってそこへ導いてあげなければいけません。だから自分の損得ばかり考える人はダメ。先ほど、選手との出会いは運命だって言いましたけど、その運命的に出会った自分の目の前にいる選手と本気で向き合えること。そして本気でその人を運命の人と受け止めて預かれる人。そして諦めない人。それが一流の指導者じゃないでしょうか。

　指導者はあくまでも陰の人で、主役はやっぱり選手です。その主役を輝かせるために本気で、自分の持ってるものをすべて出してかかっていける人が一流でしょうね。

あなたがいたから　すべてを懸けられた

――東京五輪に向けての抱負をお願いします。

井村　リオで銅メダルを取れたんだから、今度は違う色のメダルを目指そうというのは、自然なことだと思います。

　私はいつも「前に行ったらさらに前が見える。その前に行ったらまだ前があることを知る。だから前に行きなさい」と言うんですけど、東京五輪にもそういう意気込みで臨みたいですね。

――強敵のロシアチームについてはどうお考えですか。

井村　ロシアというのは、世界一のくせに絶対に手を緩めないんです。あれはすごい。あのタチアナっていうコーチは、私なんかよりもっと厳しいから世界一に君臨し続けているんでしょう。敵を愛せって言いますけど、正直、不幸を願いたくなるくらい（笑）。

　ただ、試合後の共同記者会見の時だけは、あぁこの粘り強いコーチがいたから、私も人生のすべてをシンクロに懸けられたよなって心の底から思える。東京では、その強敵を越える気で臨まないとメダルの色は変えられないでしょう。

　私は北京オリンピックの時に、開催国の素晴らしさを全身で感じてきました。国を挙げて選手を応援するあの熱気が素晴らしいんです。シンクロの選手たちなんか鳥肌を立ててましたけど、あれはまさに北京の人のオリンピックでした。北京に限らず開催国は皆そう。いまの世の中、皆が一つの方向を向いて頑張ろうなんていうことはあまりないけど、そこで吹く風はものすごく心地いいの。まさにオリンピックの力ですよ。

　いよいよ四年後は東京五輪ですけど、現役時代に自分の国が開催国になる確率って、宝くじに当たるよりすごいことで、出場できる選手は本当に幸せだと思います。ですから私は、選手たちの持てる可能性を精いっぱい引き出せるように、覚悟を決めて指導に当たっていきます。

ワンポイント 感動秘話 ①

お母さんから命のバトンタッチ

地域医療のパイオニアとしても知られる諏訪中央病院名誉院長・鎌田實氏。長年にわたる医療活動の中で出逢った、命いっぱい生きる患者さんのエピソードを紹介いただいた。

鎌田 實
諏訪中央病院名誉院長

かまた・みのる――昭和23年東京都生まれ。49年東京医科歯科大学医学部卒業後、長野県の諏訪中央病院にて、地域医療に携わる。63年同病院の院長に就任。医師の傍ら25年以上にわたり、チェルノブイリ、イラク、東日本大震災などの被災地支援に取り組む。『がんばらない』（集英社文庫）など著書多数。

余命三か月、少しだけ長生きをさせてください

僕が看取った患者さんに、スキルス胃がんに罹《かか》った女性の方がいました。余命三か月と診断され、彼女は諏訪中央病院の緩和《かんわ》ケア病棟にやってきました。

ある日、病室のベランダでお茶を飲みながら話していると、彼女がこう言ったんです。

「先生、助からないのはもう分かっています。だけど、少しだけ長生きをさせてください」

彼女はその時、四十二歳ですからね。

そりゃそうだろうなと思いながらも返事に困って、黙ってお茶を飲んでいた。

すると彼女が、

「子供がいる。子供の卒業式まで生きたい。卒業式を母親として見てあげたい」

と言うんです。九月のことでした。彼女はあと三か月、十二月くらいまでしか生きられない。でも私は春まで生きて子供の卒業式を見てあげたい、と。

子供のためにという思いが何かを変えたんだと思います。奇跡は起きました。春まで生きて、卒業式に出席できた。

こうしたことは科学的にも立証されていて、例えば希望を持って生きている人のほうが、がんと闘ってくれるナチュラルキラー細胞が活性化するという研究も発表されています。おそらく彼女の場合も、希望が体の中にある見えない三つのシステム、内分泌《ないぶんぴつ》、自律神経、免疫《めんえき》を活性化させたのではないかと思います。

さらに不思議なことが起きました。彼女には二人のお子さんがいます。上の子が高校三年で、下の子が高校二年。せめて上の子の卒業式までは生かしてあげたいと僕たちは思っていました。でも彼女は、余命三か月と言われてから、一年八か月も生きて、二人のお子さんの卒業式を見てあげることができたんです。そして、一か月ほどして亡くなりました。

彼女が亡くなった後、娘さんが僕のところへやってきて、びっくりするような話をしてくれたんです。

僕たち医師は、子供のために生きたいと言っている彼女の気持ちを大事にしようと思い、彼女の体調が少しよくなると外出許可を出していました。

「母は家に帰ってくるたびに、私たちにお弁当を作ってくれました」

と娘さんは言いました。

彼女が最後の最後に家へ帰った時、もうその時は立つこともできない状態です。病院の皆が引き留めたんだけど、どうしても行きたいと。そこで僕は、

「じゃあ家に布団を敷いて、家の空気だけ吸ったら戻っていらっしゃい」

と言って送り出しました。ところがその日、彼女は家で台所に立ちました。立てるはずのない者が最後の力を振り絞ってお弁当を作るんですよ。その時のことを娘さんはこのように話してくれました。

「お母さんが最後に作ってくれたお弁当はおむすびでした。そのおむすびを持って、学校に行きました。久しぶりのお弁当が嬉しくて、嬉しくて。昼の時間になって、お弁当を広げて食べようと思ったら、切なくて、切なくて、なかなか手に取ることができませんでした」

お母さんの人生は四十年ちょっと、とても短い命でした。でも、命は長さじゃないんですね。お母さんはお母さんなりに精いっぱい、必死に生きて、大切なことを子供たちにちゃんとバトンタッチした。

人間は「誰かのために」と思った時に、希望が生まれてくるし、その希望を持つことによって免疫力が高まり、生きる力が湧いてくるのではないかと思います。

幸田露伴が教える

運を引き寄せる要訣

渡部昇一

上智大学名誉教授

明治から大正、昭和にかけて活躍した文豪・幸田露伴。代表作として知られる『五重塔』をはじめ、数々の小説を生み出す一方、『努力論』や『修養論』など、人生修養のための随筆を書き残している。それらの書を座右に置き、自身の人生に生かしてこられたという渡部昇一氏に、幸田露伴が説く人生の知恵を紐解いていただいた。

わたなべ・しょういち――昭和5年山形県生まれ。30年上智大学大学院西洋文化研究科修士課程修了。ドイツ・ミュンスター大学、イギリス・オックスフォード大学留学。Dr.phil.,Dr.phil.h.c.。平成13年上智大学名誉教授。平成29年逝去。著書は専門書の他に『幸田露伴の語録に学ぶ自己修養法』『渡部昇一一日一言』（いずれも致知出版社）など多数。

我が人生最大の幸運

幸田露伴《こうだろはん》といえば文学者、小説家というのが大方の認識でしょう。確かに露伴には『五重塔』『天うつ浪』などの名作があり、明治の文学史に大きな位置を占める存在ではあります。しかし、それは露伴の一部にすぎません。これをもって露伴のすべてと思うのは、象の鼻だけを見て象の全体が分かったつもりになるのと同じです。

私が幸田露伴を初めて知ったのは、旧制中学二年生の時でした。教科書に随筆『長語』の一節が載っていたのです。だがその時は、なんだか回りくどくて難しい、というだけの印象で通り過ぎてしまいました。

露伴の小説も読むことは読みま

した。だが、これも読んだというだけのことで、感想はそれ以上でも以下でもありませんでした。

そんな私が露伴に邂逅《かいこう》、その神髄に触れることになるのは大学三年生の時です。いまから六十五年前のことになります。

きっかけを与えてくださったのは、教育学の神藤克彦先生です。その頃、神藤先生は大学のキャンパス内に住んでおられ、学生たちがしょっちゅうお邪魔していました。先生はいつも、「おお、上がれ上がれ」といった調子で迎えてくださり、それから夜更けまで談論風発となるのです。

ある時、何がきっかけだったのか、たまたま話題が幸田露伴に及びました。私は自分の貧弱な露伴体験を話すしかありません。すると、神藤先生はこうおっしゃったのです。

「そりゃあ、きみ、露伴なら何と言っても『努力論』だよ」

私は早速神田の古本屋に出向き、『努力論』を求めました。当時の私のなけなしの小遣いではかなり手応えのある値段でしたが、一読した時の感慨は忘れられません。これだ！ という思いが垂直に胸に落ちてきました。

以来、『努力論』をはじめ『修省論』など、露伴の修養随筆は手放せないものになりました。読むたびに胸に響いてくるものがあります。胸に響く一つひとつは、まさに人生の要訣と呼ぶべきものです。あとはその実践あるのみ。その思い一つで、私はこれまで自分の人生を形づくってきたような気がするほどです。

もし、幸田露伴に出逢わなかったら、と考えます。私の物の見方考え方は、いまとは大分違っていたでしょう。それは、私の人生が全く《まった》違ったものになっていたということです。私の人生をいまに導いてくれた露伴の偉大さを思わずにはいられません。そして、私をそこに誘《いざな》ってくださった神藤先生は、まさに恩師です。

露伴は若い頃、電信技手として北海道で働いていました。だが、文学への志止みがたく、仕事を辞め、なんと徒歩で上京、独学で驚くべき博学を身につけ、己の地歩を確立していった人です。

一方の神藤先生もすんなりと学者の道を歩んだ人ではありません。一度は家業に就いています。だが、やはり学問への思いに引かれて広島高等師範学校に入り直し、さらに広島文理科大学（旧制）へと回り道をされ、学問の世界の住人となりました。

お二人の似たような経緯の中での心の営みには、響き合うものがあったのでしょう。その交点に私が居合わせたことは、私の最大の幸運、と言えるかもしれません。

失敗は自分のせいである

私はいま、齢八十六を数えました。『努力論』はいまも私の座右にあり、年に一度は読み返しています。そこに示されている人生の要訣は常に私の思いを新たにし、その実践に向かわせます。

露伴は人生における運を大切に考えています。運というと他に依存した安易で卑俗な態度のように思われがちです。だが、露伴の言う運はそんなものではありません。その逆です。

露伴は人生における成功者と失敗者を観察し、一つの法則を発見します。露伴は言います。

「大きな成功を遂げた人は、失敗を人のせいにするのではなく自分のせいにするという傾向が強い」

物事がうまくいかなかったり失敗してしまった時、人のせいにすれば自分は楽です。あいつがこうしなかったからうまくいかなかったのだ――あれがこうなっていなかったから失敗したのだ――物事をこのように捉えていれば、自分が傷つくことはありません。悪いのは他であって自分ではないのだ

大きな成功を遂げた人は、失敗を人のせいにするのではなく自分のせいにするという傾向が強い。

から、気楽なものです。

だが、こういう態度では、物事はそこで終わってしまって、そこから得たり学んだりするものは何もありません。

失敗や不運の因を自分に引き寄せて捉える人は辛《つら》い思いをするし、苦しみもします。しかし同時に、「あれはああではなく、こうすればよかった」という反省の思慮を持つことにもなります。それが進歩であり前進であり向上というものです。

失敗や不運を自分に引き寄せて考えることを続けた人間と、他のせいにして済ますことを繰り返してきた人間とでは、かなりの確率で運のよさがだんだん違ってくる、ということです。

露伴はこのことを、運命を引き寄せる二本の紐《ひも》に譬《たと》えて述べています。一本はザラザラゴツゴツした針金のような紐で、それを引くと掌《てのひら》は切れ、指は傷つき、血が滲《にじ》みます。それでも引き続けると、大きな運がやってきます。だが、手触りが絹のように心地いい紐を引っ張っていると、引き寄せられてくるのは不運であるというわけです。

幸運不運は気まぐれや偶然のものではありません。自分のあり方で引き寄せるものなのです。

「失敗をしたら必ず自分のせいにせよ」

露伴の説くシンプルなこのひと言は、人生を後悔しないための何よりの要訣です。

恵まれた福への心掛けと工夫

「福や運を論ずるのはあまり高等ではないように思われるが、人が一所懸命努力したり苦労したりするのは福を得るためなのだから、福について考えるのは悪いことではない」

露伴はこう述べます。悪いどころではありません。福についてしっかりした考えと態度を持つことは、これこそ人生の要訣です。

露伴は福を身につける三つの道を示します。「惜福《せきふく》」「分福《ぶんぷく》」「植福《しょくふく》」です。

運が巡ってきて福に恵まれます。そこでどうするか。恵まれた福を使い切らず、その福の一部を見えないところを巡っている運にお返しするような気持ちでとっておく。その心掛けが惜福です。

露伴は母親に新しい着物を作ってもらった兄弟を例に述べます。一人は古い着物はまだ着られるのに行李《こうり》の底に放り込んで黴《かび》だらけにし、新しい着物を毎日着てたちまち着崩してしまいます。一人は古い着物は日常着とし、新しい着物は改まった場で着るようにします。前者には惜福の工夫がなく、後者の態度こそ福を惜しむということだ、と露伴は言っています。

「幸運は七度人に訪れる」という

諺《ことわざ》があります。その一方、自分は非運続き、一度も運に恵まれなかった、と嘆く人がいます。本当にそうでしょうか。

七度訪れるかどうかは別にして、仔細《しさい》に見れば、運と全く無縁の人などいるはずがありません。問題は、微《かす》かにでも巡ってきた運を感じ取り、有り難く受け止めることができるかどうかです。どのようなものであれ、自分に巡ってきた運を感じ取り、感謝する。この心が惜福を心掛け、惜福の工夫をする土台になります。

惜福は自分に来た福をどう扱うか、言ってみれば自己一身の問題で、どちらかと言えば福に対処する消極的側面です。しかし、これだけでは十分ではありません。自分に来た福を他に及ぼしていく積極性がなければならない、と露伴は述べます。それが分福です。

自分に来た福を自分で使い切らず、いくらかは分けていく。分福は特に人の上に立つ者にとっては不可欠の心掛けだと言えましょう。

惜福と分福。この二つは同じように心掛け、工夫するものであって、どちらか一方に偏しては自分に来た福をさらに膨《ふく》らまし、永続させていくことはできません。幸田露伴はそのことを豊臣秀吉と徳川家康を例に述べています。

秀吉は臣下に惜しみなく知行地を与え分福には十分で、それ故にいち早く天下人の地位を確立したのですが、惜福には欠けていて、それ故に短期政権で瓦解《がかい》してしまいました。家康は惜福は十分でしたが、直臣の旗本には大きな知行地は与えず、分福にはいささか欠けるところがありました。それが維新期に政権が持ちこたえられなかった一つの因となりました。

歴史上の人物が例とは大袈裟《おおげさ》に感じられるかもしれませんが、これを自分の状況に引きつけて考えれば、惜福分福の心掛けと工夫とは何かがよく分かります。

無量無辺の発生と産出の元

惜福分福は自分に来た福への対処の問題です。だが、福に対して受け身であるだけでは、万全とは言えません。いつになるかは分からない。どこに行くのかも分からない。だが、いつか誰かに巡っていく福の種を蒔《ま》き、幼木を植えておく心掛けと工夫があってこそ、福は万全のものになる、と言えましょう。それが植福です。

「福を論じて最も重要なのは植福である」

と露伴は言い、一本のリンゴの木を譬《たと》えにして説明しています。

リンゴの木を植え、適宜剪定《てきぎせんてい》をして木を長持ちさせるのは惜福です。そうして豊かに実った果実は自分が味わうのはもちろんですが、自分だけでなく他にも分けて楽しみます。分福です。

さらにリンゴの種を蒔き、幼木を育ててリンゴの木を増やしていきます。増やしたリンゴの木がつける果実を、自分は味わえないかもしれません。だが、子や孫と次の世代がそのおいしさを堪能《たんのう》できるのは確かです。これが植福です。植福とは福を作り出すことなのです。これを繰り返せば、

「無量無辺の発生と産出とを為す」

と露伴は言います。

私たちはいま、人類の歴史にかつてなかった高度な文明に包まれ、豊かさを享受して暮らしています。この幸運に巡り合えたのはなぜでしょうか。先人の植福のおかげで

こうだ・ろはん——慶応3年～昭和22年（1867～1947）。明治、大正、昭和期の小説家・随筆家。本名は成行。電信修技学校卒業後、電信技士として北海道に赴任するが、文学への思い止まず、帰京。『露団々』『風流仏』で作家としての地位を確立した。作風から理想詩人といわれ、『五重塔』はその代表作。昭和12年第1回文化勲章受章。

あることに気づくのは容易です。先人が繰り返してきた植福の営みが無量無辺の発生と産出となり、その蓄積が豊かな文明となって、私たちに恵みを与えているのです。

こう考えてくると、植福は自分や家族といった個人的な生きる営みの要訣というだけではなく、国家が、人類が歴史を積み重ねていく上での要訣でもあることが分かります。

そして、日本には植福の心掛けと工夫がしっかり根づいていると思います。それは、山野が豊かな緑に覆われている風土に端的に表れています。一方、例えば大陸の風土です。広大な土地が地肌をさらけ出し、たちまち黄砂が舞い上がります。これを自然現象とのみ捉えるのは誤りです。日本には先祖代々、山野がいささかでも荒れれば、せっせと木を植える営みがありました。一方、大陸にはその営みはほとんど見られませんでした。その積み重ねがいまの風土になっていることを知らなければなりません。

植林は植福の象徴です。これを伝統的に備えている日本。だが、いまもこの伝統は堅持されているのでしょうか。私はここではこれ以上は述べませんが、いまの日本のあり方を根本的に見直してみる必要があります。

その見直しは、個人の人生、家族の継続、国家の歴史の要訣である惜福、分福、植福の心掛けと工夫をしっかりと根づかせることになるはずです。

全気全念の起点は心である

「幼にしては長じ、長じては老い、老いては死するのが天数」

と露伴も言っています。これが人間の自然な姿というわけです。

いま日本は未曾有《みぞう》の高齢化社会に突入しています。私もその一端にいるわけですが、では人間は自然に任せて、加齢とともにだんだんと衰え、集中力がなくなり、気が散り、惚《ぼ》けていくしかないのでしょうか。もしそうなら、人生の要訣を弁《わきま》えたところで、先行きは高が知れている、ということにもなってしまいます。

だがそうではない、ということを露伴は、

「造化が自己の意志に参することを人間に限りて許して居る」

という言い方で述べています。人間は他の動物たちとは違い、知恵と工夫によってよりよき生を自ら獲得できる存在である、ということです。

もっと積極的に言えば、人間が他の動物たちと同じように自然のままに生きているだけでは、人間としての価値がない、人間がいま、他の動物たちと同じような太古の状態にはなく、文明を発達させた状態の中で生きているのは、知恵と工夫を生かしてきたからに他ならない、ということです。

露伴が人間をこのように捉えるのは、露伴自身が知恵と工夫を最大限に生かして進歩してきたという実感があるからでしょう。その根底には、人間はどこまでも向上できるという確信が横たわっています。露伴が格物致知の精神で掴《つか》み取った信念と言えましょう。

しかし、加齢とともに衰えるのは、誰もが日常的に目にするところです。それはまず、体力的な衰え、運動神経の鈍化となって現れます。これを防ぐには何が大切か。露伴はそれを「全気全念」と言っ

常に心を養い、身を修めることを怠らなかった幸田露伴の生き方を、日々実践されていた渡部氏

ています。

　足に衰えを感じます。足に心を向けます。すると、気が足に行きます。気が行くと、血が足に行きます。血が行くと、足に筋肉がつき、衰えを防ぎます。これは足を鍛えるためのウォーキングなどを内実的に言ったものですが、これが露伴の言う「全気全念」です。

「心は気を率い、気は血を率い、血は身を率いる」

　というわけです。

　では、人間を他の動物と違って人間たらしめるものは何でしょうか。言うまでもありません。脳であることは明らかです。

　全気全念を脳に向ければ、単に衰えを防ぐというレベルに止《とど》まりません。脳は向上します。それこそ、人間を人間たらしめているものの発現です。

　全気全念を脳に向ける。その起点となるのは心です。全気全念を脳に向ける前提として、心を養い、身を修めておかなければならない、ということです。

　言うまでもないことですが、心を養い、身を修めるのは修養です。人間学です。

　老いの衰えを克服し、悔いのない全き人生を生き切る要訣中の要訣が見えてきたようです。

修養の復活こそ現代日本の要訣

「偏った気質を直す工夫をしない人を〝生まれたままの人〟といい、自分の気質を変えようとしない者を〝横着者〟という」

「最近は自分勝手なことをしてよしとする者が増えたし、修業や工夫をすることが無益なことと見なされるようになってしまった」

　幸田露伴はこのように言って嘆いています。

　時は明治。幸田露伴の『努力論』『修省論』などの修養書はもちろん、新渡戸稲造が『修養』を著し、仏教界でも加藤咄堂《とつどう》が『修養論』を書くというように、修養書が盛んに読まれていた時代です。他にも福沢諭吉の『学問のすすめ』、サミュエル・スマイルズの『自助論』を翻訳した『西国立志編』など、明治期の修養書は枚挙《まいきょ》に遑《いとま》がありません。当時の日本人は修養に大変熱心であったのです。その中でも露伴は日本人の修養が足りないことを嘆いているのです。

　いまの日本はどうでしょうか。修養という言葉さえ滅多に聞かれなくなり、影が薄れている状態です。これを露伴が見たら、何と言うでしょう。

　幸田露伴は修養の人でした。これといった学歴がないにもかかわらず、独学で「百年に一人の頭脳」と小泉信三博士に言わしめる広大深遠な博学博識を獲得しました。それは修養の賜です。常に心を養い、身を修めることを怠らなかった現れです。幸田露伴の生き方そのものに、人生の要訣は隠れもなく示されている、と言えます。

　修養を復活させなければなりません。明治期の日本人のように、修養を何よりも大切にする気風を呼び起こさなければなりません。これこそがいまの日本の要訣であると思います。

心は気を率い、気は血を率い、血は身を率いる。

マザー・テレサと松下幸之助の教え

松下政経塾の塾頭として、経営の神様・松下幸之助氏の謦咳《けいがい》に接し、現在は自ら主宰する「青年塾」で日本の若者の訓育に尽力する上甲晃氏。大きな示唆を受けたというマザー・テレサとの貴重な出逢いについて語っていただいた。

上甲 晃 志ネットワーク「青年塾」代表

じょうこう・あきら――昭和16年大阪府生まれ。40年京都大学卒業と同時に松下電器産業（現・パナソニック）入社。広報、電子レンジ販売などを担当し、56年松下政経塾に出向。理事・塾頭、常務理事・副塾長を歴任。平成8年松下電器産業を退職、志ネットワーク社を設立。翌年、「青年塾」を創設。著書に『志のみ持参』『志を教える』、共著に『志を継ぐ』（いずれも致知出版社）などがある。

自らを省みて、自ら変わる

松下政経塾で十四年間塾生を育ててきた中で、やる気のない人を教育するのも難しいが、自分に自信のある人を教育するのも難しいことを痛感しました。自分は偉いと思い込んでいる人は、素直に言うことを聞かない。松下政経塾には当初、エリートを自認して偉そうにしている塾生がたくさんいました。人の言うことを聞かず、理屈が多く、指導には大変苦労をしました。

そんな私に大きな示唆を与えてくださったのがマザー・テレサでした。

マザー・テレサの言葉に常々深い感銘を受けていた私は、この人に会いたいという思いを募らせ、ついに後先考えずにインドのカルカッタ（現・コルカタ）へ渡りました。彼女に直接、どうしても聞いてみたいことがあったからです。

当時のカルカッタは人口一千万人のうち二百万人が路上生活者で、至るところに生死も分からない行き倒れの人が転がっていました。全身から膿《うみ》を出している人、ウジ虫の湧いている人、とても側に寄れたものではありません。しかしマザー・テレサと仲間のシスターたちは、一番死に近い人から順番に抱きかかえて、死を待つ人の家に連れて行き、体を綺麗《きれい》に洗ってあげ、温かいスープを与えて見送るのです。せめて最期の瞬間くらいは人間らしくと願ってのことでした。

　運よく、カルカッタの礼拝堂でマザーに面会することのできた私は、「どうしてあなた方は、あの汚い、怖い乞食を抱きかかえられるのですか?」と尋ねました。マザーは即座に、「あの人たちは乞食ではありません」とおっしゃるので、私は驚いて「えっ、あの人たちが乞食でなくていったい何ですか?」と聞くと、

「イエス・キリストです」

とお答えになったのです。私の人生を変えるひと言でした。

　マザーはさらにこうおっしゃいました。

「イエス・キリストは、この仕事をしているあなたが本物かどうか、そしてこの仕事をしているあなたが本気かどうかを確かめるために、あなたの一番受け入れがたい姿であなたの前に現れるのです」

　目から鱗《うろこ》が落ちる思いでした。マザーの言葉を伺った瞬間、私が松下政経塾で、あんな人は辞めてほしいと思っていた塾生が、実はイエス・キリストであったことに思い至ったのです。

　自分はこれまで、他人を変えようとするあまりどれほど人を責めてきたことだろうか。しかし、いくらそれを続けたところで人を変えることはできない。人生でただ一つ、自分の責任において変えられるのは自分しかない。常に問われているのは、自分から変わる勇気を持てるかどうかだ。このことに気づいた途端《とたん》、心が晴れ晴れとしてきたのです。

　最高の精神の自由とは、自ら気づき、自分で自分を変えていくことだと私は思います。人は物事が上手くいかないと、あいつが悪い、世の中が悪い、環境が悪いと、その原因を外に求めてしまいがちです。しかしよくよく考えてみると、本当に悪いのは自分自身ではないでしょうか? 自らを省みて、自らを変える勇気を持つ。このことが、自分の人生を力強いものにしていく一番の要訣であることに、私は思い至ったのです。

　自分の教育力にいささかでも成長があったとしたら、それはすべて手こずった塾生のおかげでした。

　松下幸之助は言いました。

「僕はな、物事が上手くいった時にはいつも皆のおかげと考えた。上手くいかなかった時はすべて自分に原因があると思っとった」

　自らを省《かえり》みて、自ら変わる。これこそが人生の最高の要訣《ようけつ》であることを、我が師・松下幸之助をはじめとする多くの方々の教えを通じ、そしてこれまでの人生を通じて、私は深く実感しています。

人生はあなたに

生命科学者の柳澤桂子氏が原因不明の病と向き合い始めたのは三十一歳の時。以来四十年以上、自宅の病床にて命をテーマとした執筆活動を続けてきた。そういう柳澤氏を約三十年にわたって見守り続けてきたのが医師の永田勝太郎氏である。お二人の対談をとおして見えてくる人生の深い哲理と、人間という存在の奇跡。

対談【3】

柳澤　桂子

生命科学者

やなぎさわ・けいこ――昭和13年東京府生まれ。お茶の水女子大学卒業後、コロンビア大学大学院博士課程修了。三菱化成生命科学研究所の主任研究員として活躍中に原因不明の病に倒れ、退職。以来、病床にて執筆を続ける。著書にベストセラーとなった『生きて死ぬ智慧』『いのちの日記』（ともに小学館）など多数。お茶の水女子大学名誉博士。

三十年以上前の大切な出会い

永田　最近、お体の調子はいかがですか。

柳澤　ご覧のように座椅子にもたれかかって音楽を聴いたり、ベッドに横になったりの毎日です。このような対談の時は気が張っているので大丈夫なのですが、これが終わるとドカンと疲れがやってきて、また何日も寝込んでしまうかもしれない（笑）。

ですから、永田先生がいてくださることはとても心強いんです。先生とのお付き合いはかれこれ三十年以上になりますが、私にとって先生の存在は、言ってみたら嵐の中の大木のようなものなんですね。

永田　自分では嵐の中の枯れ葉だと思っていましたので、そう言っていただけると嬉しいです。

柳澤　枯れ葉は私のほうですよ。腐っても、まだ生きているという……（笑）。

永田　相当したたかな枯れ葉ですね（笑）。確かに柳澤さんはいろいろ大変な病気をされたけれども、芯は本当にしっかりしていらっ

絶望していない

永田 勝太郎

公益財団法人 国際全人医療研究所 代表幹事

ながた・かつたろう——昭和23年千葉県生まれ。慶應義塾大学経済学部中退後、福島県立医科大学卒業。千葉大学、北九州市立小倉病院、東邦大学、浜松医科大学付属病院心療内科科長、日本薬科大学統合医療教育センター所長を歴任。平成18年ヴィクトール・フランクル大賞受賞。著書に『人生はあなたに絶望していない』（致知出版社）『新しい医療とは何か』『死にざまの医学』（ともにNHK出版）など。

自分がこれから悪くなるとか、死ぬとかいったことはまず考えたことがありません。だから「いつもすぐに治る」と思いながら、ここまで生きてきました。

柳澤

しゃる。最初に出会った時から今日までずっとそう思っています。

柳澤　先生とはどういうご縁でお会いしたのかしら？

永田　最初にお会いしたのは、確か一九八五年です。僕は東邦大学大橋病院の麻酔科の研究生でした。柳澤さんが書かれた『愛をこめいのち見つめて』。これが『朝日新聞』の「天声人語《てんせいじんご》」で紹介されていて、それを見た『メディカル・ヒューマニティ』という雑誌の編集長が僕に「原因不明の病気（痛み）と十年以上闘っている柳澤さんという生命科学者が書いた本がいま話題になっている。一度対談してみないか」と言ってくださったんです。

この医療雑誌の名前が示すように当時の医療界では医療におけるヒューマニズムの復活ということが強く謳われていまして、全人的医療という考え方もその頃芽生えてきました。その中でこの雑誌は発刊され、対談コーナーのホストを僕が毎回引き受けていました。柳澤さんに連絡すると「自宅に来てくれるなら、お受けしましょう」と快く言ってくださいました。

柳澤　ああ、そうでしたか。

永田　確かこの部屋のベッドで寝ていらっしゃいましたよ。

柳澤さんと対談が終わった後、雑談の中で僕が自律神経学を個人的に学ばせていただいた本多和雄先生の話をしました。その先生のボスが鳥取大学の下田又季雄《ゆきお》先生です。下田先生は脳幹症《のうかんしょう》（間脳症）という病気を世界で最初に発見された方でした。この脳幹症というのは、脳の中の何らかの異常が、神経を介して腹痛という症状で表れるという病気で、そのことを柳澤さんにお話ししたところ、「じゃあ、私の脳波を調べてください」と。

それで東邦大学大橋病院に一日入院していただいて検査をして、そのデータを米子《よなご》の下田先生にお送りすると、「間違いない。脳幹症である」とおっしゃいました。最初はご主人が米子に出向かれて、しばらくして柳澤さんご自身も下田先生の治療を受けられたのでしたね。

柳澤　ええ。患者というのは、自分の病態に名前がつくことが意外に大事なんです。そうでないと病気とは認められないから、患者としての権利がないわけです。名前をつけていただいたことが嬉しくて、永田先生サマサマでした（笑）。この治療のおかげで、完全寝たきりという最悪の状態を脱することができたんです。

病と向き合う上でのキーワード

永田　柳澤さんの闘病生活は三十一歳の時からですから、もう四十年以上になるわけですね。

柳澤　私、自分でもバカだと思うんですけど、ものすごく楽天的なんですね。自分がこれから悪くなるとか、死ぬとかいったことはまず考えたことがありません。だから「いつもすぐに治る」と思いながら、ここまで生きてきました。

　発病から五年くらい経った頃、「もしかしたら、もう治らないかもしれない」と思った時期がありましたが、「治るだろう」という思いがすぐに出てきちゃう。いろいろなものに興味があって、気が散って病気のことばかり考えてはいられないという感じでしたね。

永田　いまおっしゃった「楽天的」というのは病と向き合う上で大きなキーワードです。

柳澤　私もそう思っています。

永田　僕が懇意《こんい》にさせていただいていたヴィクトール・フランクル先生（一九〇五〜一九九七）も極めて楽天的な方でしたね。同時に、どんなことでもユーモアに変える力を持っておられた。先生は第二次世界大戦中、ナチスドイツのユダヤ人強制収容所に収容されて、多くのユダヤ人がガス室で殺される様子を目の当たりにされました。先生自身もいつ死ぬか分からない状況の中にいたのですが、楽天的な気持ちやユーモアを決して失うことがなかったですね。

　というのも、先生は精神科医、人間学者として人間を観察するという視点を苛酷《かこく》な収容所にいながらも決して忘れることがなかった方です。自分の学問を観察によって考察し、証明しようという科学者としての心構えも常に持っておられた。

柳澤　楽天的というのは、そういうことですね。

永田　それから、柳澤さんはご自身が好奇心が強いとおっしゃいましたけど、フランクル先生もそうでしたね。非常に好奇心の強い人で、八十歳までロッククライミングをやっておられた。飛行機の操縦免許も持っていました。スポーツマンの先生は怒り肩だったためにガス室には送られずに、強制労働に回されたわけです。だから、好奇心が強かったことが、結果的に先生を救ったともいえますね。

　僕自身も、薬の副作用で末梢《まっしょう》から筋肉が萎縮《いしゅく》して力が抜けていって最後には寝たきりになる、という死ぬような体験をしたことがあります。もう駄目だ、と思うこともありましたが、基本的に楽天的でした。どこか他人事のように観ている自分がいましたからね。

八歳の時に決めた人生の目標

永田　このように取材というかたちで柳澤さんとゆっくりお話しする機会はめったにありませんので、きょうはこれまでの人生のことを心ゆくまで語っていただきたいと思っているんです。

　柳澤桂子という一人の人物が何十年と病に苦しみながらいかに人間らしく生きてこられたか。そのことを伝えることで、同じ環境にある方に、きっと大きな勇気を与えられるはずですから。

柳澤　私の少女時代は、普通の子供とは少し違っていました。皆と一緒には遊ばないで、一人でポツンと何をしているかというと、大好きなオオイヌノフグリという小っちゃな青い花を探したり、ぺんぺん草を観察したり。花や草は話さないんですけど、もしかしたら喘《あえ》ぎ声でも出すのではないかと、じっといつまでも見ているような子でしたね。

　愛媛の松山もまだ田舎でしたから、たくさんの子犬や子猫が捨てられていました。それを拾ってきて、うちの廊下に並べて手の中に入れて温めてあげました。哺乳瓶でミルクを飲む力もなくて、脱脂綿で口に入れてやるんですけど、手の中で冷たくなって死んでいく。本当に硬くなっていくんですね。その感触というのが、いまの私の死生観の基になっているようにも思います。

永田　好奇心の強さはお子さんの

頃からだったのですね。

柳澤　はい。それで終戦の年、初めて我が家でクリスマスというものをして、父が靴下の中に本を入れてくれていたんです。バーバンクという育種家《いくしゅか》が書いた『棘《とげ》のないサボテン』という本でした。旧仮名遣いで書かれていて読みにくかったと思いますが、面白くて面白くて何度読んだか分からない。私の人生に一番影響を与えたのはこの本で、八歳の女の子が「私は将来植物学者になる」と決めたのはこの時です（笑）。

永田　随分早くから、人生の行く道を決めていらっしゃったんですね。

柳澤　頑固だったのでしょうね、きっと。

それに父が植物学者でしたから、環境にも恵まれていたのだと思います。父に「植物はどうして動かないの」と質問すると、その日のうちにムシトリスミレを持ってきてくれる。虫を食べる植物の様子を目の前で観られるといった家庭環境が、私の好奇心に拍車を掛けたのは間違いありません。

永田　その思いを大人になるまでずっと大切にしてこられた。

柳澤　そうですね。中学校一年の時には、夏休みの宿題でやった二十日大根の観察で全校一番に選ばれまして、渋谷公会堂に集まった皆の前で発表しました。模造紙を示す竿《さお》が長くて重くて手が震えるんです。ぶるぶると緊張しながら説明したんですけど、そういう生活を、その後、長いこと続けることになるなど、その時は思ってもいませんでした。

高校時代は音楽鑑賞部でしたが、私は解剖が嫌いだったものだから大学は植物科に進みました。でも、自分が納得いくだけの勉強ができずに物足りなさを感じていたんです。ちょうどそういうタイミングで同じ研究者だった柳澤が私を見つけてくれて婚約をしました。先にアメリカのコロンビア大学に

渡った柳澤を追って、私も卒業と同時にコロンビア大学の大学院に入ることになりました。

永田　アメリカの大学院は厳しいことで有名ですから、勉強はなかなか大変だったでしょう。

柳澤　ええ。七十点以下を二回取ると放校になってしまう。そのくらいの厳しさがあって、十六人入って、卒業できたのは四人だけでした。小さい試験がしょっちゅうあるんですよね。一番怖いのは「試験がある」という先生の言葉を聞き逃すことです。授業よりもその言葉を聞き逃さないことのほうが必死でした（笑）。

　大学院時代の実験はバクテリアの遺伝子に関わるものでしたが、ノーベル賞を取られる方など有名な先生が何人もいらして、その先生の傍について教えを受けられたのは、とても幸せなことでした。

突然の発病と手術

柳澤　三年で学位を取って一九六三年に帰国しました。既に子供がお腹の中にいて、帰国してすぐに出産したのですが、今度は子育てと仕事の両立が大変になってきたんです。当時、日本で研究者として働く私より年上の女性はほとんど独身です。私はどうしたらいいか分からないまま仕事と子育ての両方を続けていましたが、子供が一歳になった頃、私が出掛けると分かるとワァワァ泣いて追い

人間というのはトータルな存在ですから、体が病気になると、心がいろいろな反応を起こすようになるんです。

永田

気がついたら目の前に道が一本見えていて、「その道を進みなさい。もう全然心配することはない」と言われて私は納得したんです。

柳澤

回すんですね。心に傷でも残ったら大変だと思って退職し、七年間は専業主婦をしました。

永田　五十年前といえば、まだまだ女性の社会進出を歓迎するような時代ではありませんでしたね。

柳澤　下の子が幼稚園の年長組になった時、東京・町田に三菱化成生命科学研究所ができて、そこに勤めることになるんです。入社試験の面接では社長が私の顔を見るなり、「あのね。母ちゃんというのは家にいてまんま炊いているのが一番幸せなんだよ」って。私はどうしてそんな言葉が口をついて出てきたのか、いまでも分からないのですが、「母親が働いている姿を子供に見せることのどこがいけないのでしょうか」と言っちゃったんです。社長は机の上に頭を投げ出し、伏せてしまった（笑）。両脇の副社長が「私たちは古いんでしょうか。遅れたままなんでしょうか」と言っていた。

　あそこで社長をノックアウトしてしまったから、もし合格したら子育てを言い訳に辞められないな、これは大変なことになったなと思っていたら、やっぱり合格したんですね。

永田　その後のご苦労も多かったでしょう。

柳澤　自分では夕方五時半に研究所を出ると決めていましたが、長く職場にいる人がよく仕事をしている人というのが人事課の評価でしたから、男性陣は皆遅くまで残っていました。人目を気にしながら一人だけ早く帰るのは、やはり気が引けましたね。幸いにしてオイルショック以降は、テキパキと仕事を片づけて早く帰ろうという機運が出てきて、随分働きやすくなりましたけど。

永田　その頃は何の研究をしていたのですか？

柳澤　マウスの研究をしていました。人間がどうして人間の形になるのかというのがとても不思議で、私はアメリカから純系のマウスを取り寄せて、マウスでそれを実証しようとしました。

　私が三十八歳で子宮内膜症を発症したのは、ちょうど実験でいろいろな結果も出るようになって仕事が面白くなってきた矢先でした。手術をするほかないと言われてお腹を切ったのですが、この病気はメスと相性が悪いんですね。メスを入れたために他の病気が誘発されて、体がガタガタガタガタと崩れてしまったんです。

闘病生活で知った医学界の矛盾

永田　その頃はどういう症状でしたか。

柳澤　手術後、三週間休んで出勤し、子育てをしながら仕事を始めたのですが、三か月目から嘔吐《おうと》や下痢が激しくなって、みるみるうちに衰弱していきました。

発作は一か月に一度起きました。めまい、嘔吐、頭痛があり、しかも脱力感で起きていられない。ご飯も喉を通らない。それが毎日続きます。次の一週間は床の中で起きられる。次の一週間は起きて近くを歩ける。次の一週間は無理をすれば何とか会社に行ける。そして次の一週間はまた発作です。あまりにも気分が悪くて、車での出勤もできませんでした。

　ところが、病院の先生はそのことをなかなか分かってくださいませんでした。言いたい放題おっしゃる方もいて、それはもう聞いていられないような……。

永田　要するに「気のせいだ」というようなことを言うわけですか。

柳澤　そうなんです。「子宮を摘出したことによる女性喪失感が引き金となって勤務が辛《つら》くなり、そのストレスから腹痛を起こして……」といったように、どんどん話をおつくりになる。私は研究をしたいからやっているのであって、お腹が痛くなったふりなんかしません。その辺のことが男性の先生にはお分かりにならない。

　中には「甘やかすな」と上司にわざわざ電話をくださったご親切な先生もいたんです。

永田　昭和四十年代の医療はまだ身体論一辺倒の時代です。病気を大きく分類すると誰が見ても特定の場所に病巣がある「器質的な病態」と、いつ起こるか分からない原因不明の発作のような「機能的な病態」とに分かれます。

　当時もいまもそれほど変わっていないのですが、機能的な病態というのは顕微鏡を覗《のぞ》いて細胞が変わっているのを確認できるというようなものではありませんから、「病気ではない」「気のせい」、あるいは「様子を見よう」という言い方をされてしまいます。この「様子を見よう」というのは、「いまはまだ機能的な病態だけれども、やがて器質的な病態に変わっていくだろう。そうしたら自分にも診断ができるようになる。それまで待て」という意味です。

　特に最近は、機能的な病態に対してすぐに鬱《うつ》という診断を下す、よくない傾向がとても強い。抗鬱剤をどんどん投与して余計に悪くさせていくんですね。だけど人間というのはトータルな存在ですから、体が病気になると、心がいろいろな反応を起こすようになるんです。そのことが分かったのは、一九八〇年代に米国の精神科医キューブラー・ロスが『死ぬ瞬間』の中でがん患者の心理状態を明らかにしてからです。それまでの医者は慢性疾患の患者さんの心理状態などまるで考えていなかった。

　その意味でも原因不明の病気をすぐに鬱と診断して抗鬱剤を処方するようなやり方には僕は反対なのですが、ただ、柳澤さんの場合は抗鬱剤が効きましたね。

柳澤　はい。精神科医の大塚先生は脳の働きと私の病気の関連性を指摘され、抗鬱剤をお使いになりました。それで起きられるようになったんです。それまでの一年半は完全に寝たきりで、頸《くび》から針を刺す中心静脈栄養という点滴で生きていました。その時、「どうせ食べられないのだから、管を外して死なせてほしい」と一度だけ家族に言ったことがあるんです。家族があまりに悲しがるので思い止まりましたけれども、そういう時を経て抗鬱剤を飲んで何とか起き上がれるようになって、そこからサイエンス・ライターとして本を書き始めるんですね。

この苦しみから抜け出すには

永田　しかし、もともと好奇心が強い柳澤さんにとって、体が思うように動かないことほど、もどかしいことはありませんね。

柳澤　先ほど申し上げたとおり、楽天的ですから三日間悩んだだけで「次のことをしよう。じゃあ何ができるかな」って気持ちの切り替えはできました。でも、やはり精神的には苦しいんですよね。家族も先生から「気のせいだ」と説明を受けますから、信頼関係も薄れていきました。だからものすごく孤独でした。病気の苦しみより、そちらのほうが十倍くらい大きかったかもしれない。

　それで宗教だったら何とか自分を救ってくれるのではないかと思ったんです。でもどうやったらいいか分からないんですね。お寺の門を叩いたらよいのか、教会に入ったらよいのか。しばらく悶々《もんもん》としていましたが、これは自分で勉強するしかないと思って本を読み始めたんです。

永田　どういう本を？

柳澤　もう手当たり次第です(笑)。宗教学から神学から大脳生理学、心理学、ニューサイエンス、哲学、神話までいろいろな本を読みました。中村元《はじめ》先生と紀野一義先生が書かれた岩波文庫の『般若《はんにゃ》心経《しんぎょう》・金剛《こんごう》般若経』はなかなか難しかったのですが、解説がとても詳しく出ているんですね。それを十年くらい読み続けました。

　そうこうしているうちに、今度は岸本和世さんという牧師さんと親しくなって、その方がカール・バルトの『神なしの神学』という哲学書を教えてくださいました。その中にナチスに抵抗して獄死したドイツ人牧師ボンヘッファーのことが書かれてありました。「神の前に、神とともに、神なしに生きる」という言葉にぶつかり、これこそ私の求めていたものではないかと感嘆したんです。以来、ボンヘッファーの著作を求めては、貪《むさぼ》るように読みました。

　その頃の私は「どうしたらこの精神的な苦しみから抜け出せるのか」という答えを追い求めるのに必死だったのだと思います。

永田　お仕事のほうはどうされていたのですか。

柳澤　休職ということにしていただいていました。普通は三年経つと解雇なんですけど、私があまりに一所懸命にやりたがるものだから、五年まで延ばしてくださいました。それで五年目に部長から電話があって「これ以上、延ばせなくなった」と。私も返事のしようがなくて、黙ったまま二人で長いこと受話器を持って電話口に立っていたんですけど……。

永田　そうでしたか。

柳澤　そしてその晩、私は不思議な体験をするんです。一晩中眠れないまま白々と夜が明けていく時、体がパーッと光に包まれ、燃えている火の中に入りました。でも全《まった》く熱くないんです。一瞬気を失っていたかどうか、何が起こったかは自分で分かりませんでしたが、何だかとても温かいものに抱き締められた感じでした。気がついたら目の前に道が一本見えていて、「その道を進みなさい。もう全然心配することはない」と言われて私は納得したんです。

　この体験の後、いろいろな本を読んでみたら割にたくさんの方が私と似たような体験をされていることが分かりました。どういう時に起こるかというと、激しいストレスに晒《さら》された時なんですね。よく神秘体験という言い方をされますが、私は決して神秘ではないと思っています。

　例えば動物はストレスに晒されると、β《ベータ》エンドルフィンという脳内快感物質が出てきて気持ちよくなるんです。私の場合も、解雇を通告されるという辛い厳しい時でした。お坊さんの修行にしても、絶食をするとか、空気の少ない所に行くとか、その極限に至った時に、いわゆる神秘体験が起こるのではないかと私は考えています。

永田　それには僕も同感です。少しつけ加えますと、脳科学的には明け方にシータ波、デルタ波といった非常にゆったりした波が出てきて脳がリセットされるんです。この時、ドーパミンという物質が出て、人によっては光が見えたり幽霊が見えたりする。

幽霊というのは過去のトラウマですよ。潜在意識にはそのような悩みや欲望が渦巻いている。こうした状況を「魔境」といいます。この魔境に囚《とら》われてしまうと駄目なんです。至高《しこう》体験をとおして自分の実存性に目覚められた柳澤さんは、ある意味でその魔境を通り抜けられた方ではないかと思います。

自我がなければ この世に苦しみはない

永田　そういえば、柳澤さんがご自身の闘病体験や科学者としての視点をもとに『般若心経』を説き明かされたご本『生きて死ぬ智慧』は大きな反響を得ましたね。僕も読みましたが、原子論をもとにした内容はとても深いと感じました。

柳澤　ありがとうございます。ご存じのように『般若心経』の中心にあるのは「空《くう》」という思想ですね。微塵《みじん》な物質があってそれが寄り集まったり組み合わさったりして「色《しき》」という物の形になる。粒子は刻々と変化し形を変えていくわけですが、もともとは色も香りも味も触覚も何もないんです。しかも、その形は常に動いて留まることがない。

私という存在もまた粒子の集まりで、私の周りにある粒子と常に入り交じっている。そう考えると宇宙全体がすべて繋《つな》がっている。宇宙と私たちは一体なんです。別の見方をしたら、「私」「あなた」という人間的な考え方は錯覚であり、本来皆一元的なものなんです。そうすると、自我というものもなくなってしまう。

永田　ああ、自我がなくなる。

柳澤　私もあなたも同じなのだから、意地悪したとか、されたとか、そういうことはなくなってしまいますよね。同じように生きることも死ぬこともない。誰かが亡くなったとしても、同じ粒子なのだから悲しむこともないわけです。そういうふうに考えていったら『般若心経』を二日で訳せました。

永田　たった二日間でですか？　その気づきによって、柳澤さんの生き方も大きく変わったのですね。

柳澤　思い出を一つお話ししますと、私はある日、電動車椅子で散歩をしていました。すると綺麗《きれい》に着飾った奥様が寄ってきて「大変でいらっしゃいますね」と声を掛けてくださったんです。気持ちのよいご挨拶で、それまでだったら何とも思わなかったのでしょうけど、この時は不思議と心に何か引っかかるものがあって、車椅子を止めて考えました。

「私は憐《あわ》れみを受けたのかしら」。そう思ったら、何か大きなものに背中をドーンと突かれた感じがして「それは、私がそこにいるからだ」と声がしたんです。これも一種の神秘体験でしょうけど、私がいなければ、憐れみを受けること

宇宙と私たちは一体なんです。別の見方をしたら、「私」「あなた」という人間的な考え方は錯覚であり、本来皆一元的なものなんです。　柳澤

大事なのは、打ちひしがれた中でいかに立ち上がるかなんです。

永田

もありません。私はこの時、私という自我がなければ、この世に苦しみはないということを強烈に感じました。生きるのがとても楽になったのは、それからですね。

ジェット機に乗ると、厚い雨雲を抜けて、パッと真っ青な空に出ますよね。そこには苦しみはない。幸せしかない。あの感覚に似ていると思います。そういう世界を味わうと、とても安らかでいられます。ですから私は先生と違って死ぬのが楽しみです（笑）。

永田　それはちょっと早すぎます。柳澤さんには、まだまだこの世でやっていただかなくてはいけないことがたくさんありますよ。

柳澤　確かにそうですね。神秘体験をした時に道がまっすぐに見えたという話をしましたが、私はとにかくその道を歩めばいいんだと思って歩んできました。とはいっても最初は何も思いつかなかったのですが、いま自分にできるのは書くこと以外にないと。

生命科学というものを一般の人に紹介したいと思ってなかなか書けなかったのが心残りなのですが、ありがたいことにこれまでに五十冊ほどの本を書かせていただくことができました。

永田　芝生と隣の家と青い空しか見えないこの閉ざされた空間の中で、よくぞこんなに本を書かれたと思うと、僕なんかはただただ感服するばかりです。

一つの挑戦を持っているのはどんなことよりも強い

永田　いままでのお話を伺いながら感じたことをお伝えしますと、柳澤さんはものすごく大きなストレスを抱えながら生きてこられたわけですね。ストレスによって打ちひしがれることはやむを得ないことだと思います。でも大事なのは、打ちひしがれた中でいかに立ち上がるかなんです。これはレジリエンス（回復力）と呼ばれて、NHKテレビの特集で話題になって何冊も本が出ていますが、残念ながら本質を突いたものはなかなかありません。

このレジリエンスという言葉がどこから出てきたかというと、フランクル先生なんですね。先生は強制収容所の中でこうおっしゃっています。「一つの挑戦を持っていることは、どんなことよりも強いことだ。それがストレスを乗り越える力になる」と。

柳澤　そうなのですね。

永田　そのことは僕自身も支えにしてきたことでもあるんです。先ほど言った僕の大病というのはフランクル先生が亡くなった二年後の一九九九年のことです。歩くことも立つこともできなくなり、いくらリハビリに励んでも寝返りさえ打てない状態でした。

お別れのつもりでフランクル先

生の奥様に手紙を書いたところ、いただいたお返事には、「人間誰しも心の中にアウシュビッツ（苦悩）を持っている。しかしあなたが人生に絶望しても、人生はあなたに絶望していない。あなたを待っている誰かや何かがある限り、あなたは生き延びることができるし、自己実現できる」という先生の言葉が添えられていたんです。私は何百回とその手紙を読み返しましたね。先生からいただいたいろいろな言葉が、どれだけ僕を勇気づけ励ましてくれたことか、計り知れません。

僕は柳澤さんの生き方を拝見していて、一本の道を貫いておられることが何よりもご自身を生かすことになるし、社会に貢献することにも繋がっていると感じています。柳澤桂子という科学者の存在は日本人に大きな影響力を持っていますから、多くの難病の方々がいまも柳澤さんの言葉を待っていると思いますよ。あなたには書くこと、それが暗闇の中の一本道なんです。

柳澤　励みになるお言葉です。ありがとうございます。

永田　人間のストレスの対処の仕方には四つあると言われています。ストレスの原因であるストレッサーから逃げる、ストレッサーと闘う、ストレッサーに諂《へつら》う（過剰反応する）、それからもう一つはストレッサーに従ったふりをしながら従えてしまうというしたたかな生き方で、柳澤さんはまさにそれなんですね。痛みや苦しみを乗り越えて、しかもその苦しみ以上の人生を築き上げてこられた。そう言っても決して言いすぎではないのではないでしょうか。

僕の周りにもそういう患者さんがいっぱいいます。二十年間白血病を患いながら県のシニアの卓球大会で優勝した方、太極拳の師範として人生を謳歌《おうか》している筋ジストロフィーの患者さん。こういう人たちは皆人間という奇跡を生きた人たちだと思います。

柳澤　おっしゃるとおりですね。これを少し生命科学という視点で申し上げれば、海の中に漂っていたDNAから、それこそ奇跡的としか言いようがないことですが、細胞というものが生まれるんです。さらに紀元前二十二億年前と六億年前には地球は全球凍結を体験し、その他に全球炎上というのも起きている。人類は数え切れないほどの困難を乗り越えて、したたかに生き残ってきた存在なんです。こういうことは他の星では二度と起こらないと思います。

そのように考えると、私たちが命をいただいて、ここにこうして存在しているということは、本当に奇跡としか言いようがありません。だとしたら、自分の命が大切であるように、他の人の命もまた大切にしなくてはいけない。人間のDNAをいじって人種改良しようなどというようなことは人としての正義に反するし、ましてや戦争などとんでもないことです。

私自身、四十年以上闘病生活を続けてきて、様々な困難を乗り越える中で奇跡的なこの命の大切さを感じてきました。またそれは病気が私に示してくれた大切な教えなのだとも思っています。

――対談を終えて〈永田勝太郎〉――

対談は三時間以上にわたった。その間、柳澤さんは一貫して集中していた。本人が述べていたように、こうした対談の後はぐったりしてしまうのだが、今回は違った。数日後、電話したところ、「ちっとも疲れていない！　どうしたのかしら！」と言われていた。

きっと、対談により自らの新しい価値を見出したのではないだろうか。脳からDHEA，Sのホルモン分泌が刺激されたのではないかと思う。それは、生きる意味の再発見であり、自己超越であろう。

柳澤さんのレジリエンスの高さがまた証明されたと考える。

安岡 正篤

東洋思想家

政財界のリーダーたちから師と仰がれた東洋思想家・安岡正篤師。いかに人物を練り、いかに自らを修めるか――。珠玉の言葉を反芻《はんすう》したい。

明治31年大阪市生まれ。大正11年東京帝国大学法学部政治学科卒業。昭和2年（財）金鶏学院、6年日本農士学校を設立、東洋思想の研究と後進の育成に努める。戦後、24年師友会を設立、政財界のリーダーの啓発・教化に努め、その精神的支柱となる。その教えは人物学を中心として、今日なお日本の進むべき方向を示している。58年12月逝去。著書に『いかに生くべきか――東洋倫理概論』『日本精神の研究』『王道の研究――東洋政治哲学』『人生、道を求め徳を愛する生き方――日本精神通義』『経世瑣言』『安岡正篤一日一言』ほか。講義・講演録に『人物を修める』『易と人生哲学』『佐藤一斎「重職心得箇条」を読む』『青年の大成』（いずれも致知出版社）などがある。

『安岡正篤一日一言』より

【年頭自警】

一、年頭まず自ら意気を新たにすべし
二、年頭古き悔恨《かいこん》を棄《す》つべし
三、年頭決然滞事《たいじ》を一掃すべし
四、年頭新たに一善事を発願《ほつがん》すべし
五、年頭新たに一佳書を読み始むべし

【高邁な人】

粗忽《そそつ》・がさつは最も人格の低劣を表す。高邁《こうまい》な人格はいかに剛健《ごうけん》・活発にみえても、その人のどこかに必ずしっとりした落ち着きや静けさを湛《たた》えているものだ。

【人は環境を作る】

環境が人を作るということに捉《とら》われてしまえば、人間は単なる物、単なる機械になってしまう。

人は環境を作るからして、そこに人間の人間たる所以《ゆえん》がある、自由がある。

即《すなわ》ち主体性、創造性がある。

だから人物が偉大であればあるほど、立派な環境を作る。

人間が出来ないと環境に支配される。

【恋愛】

いかなる異性に恋するかは自己人格と密接に関係する。

すなわち自己の人物相応に恋する。

故《ゆえ》に人は恋愛によって自己を露呈《ろてい》するのである。

【しびれる】

何にしびれるかによって、その人は決まる。
中江藤樹《なかえとうじゅ》は『論語』と王陽明にしびれていた。
人間は本物にしびれなければならない。

【考成】

人間は考えてしなければ成功しない。
考えてはじめて成すことができる。
考成という語のある所以《ゆえん》である。

【命は吾より作す】

人間が浅はかで無力であると、いわゆる「宿命」になる。
人間が本当に磨かれてくると「運命」になる。
即《すなわ》ち、自分で自分の「命《めい》」を創造することができるようになる。
それを「命《めい》は吾《われ》より作《な》す」という。

【人生は心がけと努力】

人間はできるだけ早くから、
良き師、良き友を持ち、良き書を読み、
ひそかに自ら省み、自ら修めることである。
人生は心がけと努力次第である。

【道の人】

真の道の人とは、
根源的なものと枝葉《しよう》的なものとを
統一的に持っている人のことである。

【使命】

人間、いかなる誘惑を受けても、
いかなる迫害を受けても、
最後に一つ為さざるところが
なければならぬ。

対談【4】

相田みつをの残した言葉

書家・詩人である相田みつをの書に
「そのとき　どう動く」という作品がある。
人生はいつどこで何が起こるか分からない。
その時その時の出来事に対して
相応しい手を打っていかなければ、
人生という旅路は謳歌できないだろう。
相田みつをがこの言葉に込めた思い、
その作品と生き方から学ぶべき人生の心得について、
相田一人氏と横田南嶺氏に縦横に語り合っていただいた。

相田みつを美術館館長
相田一人
あいだ・かずひと――昭和30年栃木県生まれ。書家・詩人として知られる相田みつをの長男。出版社勤務を経て、平成8年東京に相田みつを美術館を設立、館長に就任。相田みつをの作品集の編集、普及に携わる。著書に『相田みつを　肩書きのない人生』（文化出版局）などがある。

臨済宗円覚寺派管長
横田南嶺
よこた・なんれい――昭和39年和歌山県生まれ。62年筑波大学卒業。在学中に出家得度し、卒業と同時に京都建仁寺僧堂で修行。平成3年円覚寺僧堂で修行。11年円覚寺僧堂師家。22年臨済宗円覚寺派管長に就任。著書に『禅の名僧に学ぶ生き方の智慧』『人生を照らす禅の言葉』、選書に『坂村真民詩集百選』（いずれも致知出版社）などがある。

「いま、ここ」を具体的に動く

横田　「そのとき　どう動く」という相田みつを先生の言葉は、私も知ってはいましたけども、それほど特別に意識していた言葉ではありませんでした。ところが、昨年の六月に、相田一人《かずひと》館長に円覚《えんがく》寺《じ》で講演をしていただいた際、お父さんの言葉の中で一番大事にしているのは「そのとき　どう動く」だと、こうおっしゃった。

最初はあまりピンと来なかったんですけども、相田館長のお話を聞くうちに、なるほど、極めて禅的だなと。それまでどういうことをやっていたとか、過去の実績が何であるかとか、どれだけ本を読んできたとか、そういうことではなく、その時、その場で具体的にどう動くか。まさしくこれは禅の教えをひと言で表現した言葉だと思って、その後は至る所で「そのとき　どう動く」というテーマで

相田みつを美術館内アトリエ再現コーナーの等身大パネルの前で

父は「人生というのは、その時どう動くかの連続なんだ」とよく言っていました。　相田

講演させていただいています。

相田　私の父・相田みつをは、地元の栃木県足利市にある曹洞宗《そうとうしゅう》高福寺の武井哲応老師という師匠に四十年以上師事し、坐禅をさせていただいたんですね。素人ながら一所懸命、老師の下で『正法眼蔵《しょうぼうげんぞう》』を学んでいたのを、私も横で見ていました。

　その父が講演でこんなことを言っていたんです。「武井哲応老師や『正法眼蔵』から学んだことをひと言で言ってみろと言われれば、自分は「そのとき　どう動く」ということを学ばせていただいた」と。

　ですから、父にとって大事な言葉だったと思いますし、私自身、印象的でした。

横田　相田みつを先生は武井老師に教わった言葉やご自身の作品をまとめた『円融《えんゆう》便り』（相田みつをが在家の仏教活動として発行していたもの）を発行されていましたけど、その中に「南泉《なんせん》の鎌」の話が出ていますね。

　昔、ある雲水（修行僧）が南泉という禅僧に「南泉の道はどこに向かっていくのか」と尋ねた。その時、南泉は「この鎌はよく切れる」と言って、ただ寺の門前の草を刈っていた。南泉の道などという抽象的な概念は一切否定して、まさしく「いま、ここ」を具体的に動くことが大事であると示されたという話です。

相田　それは父が大好きだった話ですね。私も耳にタコができるくらいよく聞かされました（笑）。

横田　やっぱりそうですか。おそらく相田みつを先生はこういう禅の話を武井老師からたくさん聞かれる中で、「そのとき　どう動く」という言葉が染みついていかれたんでしょうね。

優先順位をどこに定めるか

相田　「南泉の鎌」の話とともに父が大好きだったのが、白隠《はくいん》禅師の話なんです。

　よく知られた話だと思いますが、白隠禅師を尊敬しているある商人の方がいて、その娘さんが身ごもったと。娘さんは白隠禅師の子供だと言えば、父親に許してもらえるんじゃないかと、悪知恵を働かせて嘘《うそ》をついた。それを聞いた父親は、娘に手をつけるとはとんでもない坊さんだと激怒し、赤ちゃんを抱いて禅師のところに行き、「これはあんたの子だろう」と詰め寄る。どういう応対をするかと思ったら、「ああ、そうか」と言って、赤ちゃんを受け取ったんですよね。

　父親はますます「やっぱりそうだったのか」と憤慨して、家に帰っ

た。その後、禅師がお乳をもらいに歩き回る様子を見て、娘が白状する。「実は別の人の子供なんです」と。それで父親は平身低頭して禅師に謝罪した。何か嫌味でも言われるかと思ったら、禅師は「ああ、そうか」と言って、赤ちゃんを返したというんですね。

横田　そう。その時も「ああ、そうか」とだけ言ったというね。

相田　父曰《いわ》く、その時白隠禅師が何を考えたかと言えば、自分が父親であるとかそうじゃないとかいうことよりも、生まれたばかりの乳飲み子の命を助けることが大事なんだと。で、その後母親が現れた時には、やはり子供は母親が育てるのが一番いいわけですから、すんなりと返した。

　だから、まさにその時どう動くということについて、判断基準や優先順位がはっきりしているってことですよね。

横田　この白隠禅師の話は、我われ禅僧の間では有名ですが、つくづく偉いなと思うんです。人間ですからどうしても自分の評判を気にしたり、よく見られたいという気持ちが入ってしまうんですよね。

　しかし、相田館長がおっしゃったように、いま目の前にいる子供の命、そこに焦点が定まっておられたから、平気だったんでしょう。これは難しい。なかなかできることではありません。

相田　そうですね。しかも自分のことを尊敬してくれている人間に濡《ぬ》れ衣《ぎぬ》を着せられたわけですから、ひと言「違う」とか言っても別におかしくないと思うんです。それを何も言わずに、ただ「ああ、そうか」と。もう本当にすごいなと思いますね。

横田　「ああ、そうか」と言うだけで、それ以上反論も追及も何もしない。そこまでいけばたいしたものだと思います。

相田　私の父は優先順位が非常にはっきりしておりまして、第一は書を書くことなんですね。私が子供の頃、父と母と私と妹の四人で八畳一間くらいの狭い部屋を間借りしていました。襖《ふすま》一枚隔《へだ》てて大家さんが住んでいて声も筒抜けでしたから、母は気兼ねして暮らしていたんです。

　ある時、隣の土地が空いたので、お金を何とか工面してそこを借りて三十畳のアトリエをつくったんですね。しかし、そこは家族には一切使わせない。親戚や父の友人が「一部を区切って家族にも使わせたら」と言ったんですけれども、父は頑《がん》として頷《うなず》きませんでした。

　展覧会を開いて書を売る生活でしたから、定収入は全然ないし、貧乏のどん底で、母に頼り切っていたものの、書を書くことに何よりも重きを置いていたんです。

　母がよく言っていましたけど、もしお父さんが家族のことを第一に思ってアトリエで一緒に暮らそうみたいなタイプだったら、作品は雲散霧消《うんさんむしょう》して後世に残らなかったんじゃないかと。そういう母の理解があったから、仕事に徹することができたのだと思います。

極限状態では シンプルな言葉が 力になる

横田　相田館長が「そのとき どう動く」という言葉を意識されたのは、確か震災の時だったと言われていましたね。

相田　そうです。相田みつを美術館ができたのは一九九六年、その前年に阪神・淡路大震災が起こったわけですけれども、開館間もない頃、当館を訪れた方のアンケートを見ておりますと、神戸の方がとても多くいらっしゃることに気づきました。伺ってみると、被災地では相田みつを作品がよく読まれているというお話でした。で、ぜひ神戸で展覧会を開いてほしいというご要望をいただいたんです。

　美術館ができたばかりですから、そんな余裕はありません。でも、何とか工面して神戸で無料の展覧会を開かせていただきました。一週間で一万人ほどの方が来てくださって、多くの方とお話しさせていただいたんですけれども、その中で非常に印象的だったエピソードがあります。

横田　詳しくお聞かせください。

相田　五十歳くらいの男性だったと思います。地震があった時、その方は家族と一緒に自宅の二階で寝ていたそうです。突然尋常じゃない揺れに襲われ、とにかく無我夢中で一階に駆け降りた。けれども家が崩れ始めて、もうパニック状態で体が全然動かなくなったと言うんですね。

本当に生きるか死ぬかのギリギリの状況です。その時、冷蔵庫にかかっていた相田みつを日めくりカレンダーの「そのとき　どう動く」という言葉がバーンと強烈に飛び込んできたと。それで、とにかく家を出ようと思って全員が外に出たら、目の前で自宅が全壊したらしいんです。

横田　間一髪で助かったのですね。

相田　実は「そのとき　どう動く」は八日の言葉で、震災当日は十七日なんですよ。その方は日めくりカレンダーを長年愛用していて、毎日めくるのではなく、その時々に気に入ったページを開いて何日か飾っておく。そういう使い方をしていたらしいんです。

その方はしみじみと述懐《じゅっかい》されていました。「もしあの時、別の言葉だったら、自分は動けなかったと思う。「そのとき　どう動く」のページが偶然開いてあったから、自分たち一家は助かった。あの言葉がなければ、判断を誤って全員死んでいたかもしれません」と。

やっぱり極限状態では、難しい言葉とか長い言葉というのは体が受けつけないんでしょうね。本当にシンプルなひと言だったから助かった。言葉の力ってすごいものがあるんだなと思いました。

横田　言葉の力、本当にそのとおりですね。

相田　その後、数日間は全《まった》く救助隊が来ない、食べ物も水もないという状態だったそうです。そしてようやく救助隊が支援物資を持って来てくれた時、その方はこう言ったんですね。「自分たちも大変だけど、奥にもっと大変な状況の人たちがいるから、そっちへ先に持っていってください」と。

何でそんなことを言ったのか、本人もよく分からないけれども、その時に思い出したのが「うばい合えば足らぬ／わけ合えばあまる／うばい合えば憎しみ／わけ合えば安らぎ」という日めくりカレンダーの言葉だったそうです。

神戸は震災後、一年くらいは皆で助け合う協調の精神があったとその方は言っていました。ところが、その後は復興に向けていろいろな問題も出てきて、なかなか厳しい状態にある。そんな中、いま自分の心に一番響く相田みつをの作品は「道」だと言うんです。

「長い人生にはなあ／どんなに避けようとしても／どうしても通らなければならぬ道／というものがあるんだな／そんなときはその道を／だまって歩くことだな／愚痴や弱音は吐かないでな／黙って歩くんだよ／ただ黙って／涙なんか見せちゃダメだぜ／そしてなあ／その時なんだよ／人間としての／いのちの根が／ふかくなるのは」

その男性は、この三つの作品に支えられて生きているとおっしゃってくださった。私はこのお話を伺えただけでも、神戸で展覧会を開催してよかったと思っています。

横田　とても感動的なお話です。

相田みつをの人生における最大の「その時」

相田　二〇〇四年の新潟県中越地震の時も、燕三条《つばめさんじょう》にある高校の先生からファクスが来まして、生徒の心が非常に不安定になっているので、相田みつを作品を生徒に見せたいと。ちょうど前年に銀座から いまの場所（東京国際フォーラム）に美術館を移転して、人的にも費用的にも大変な時期だったんですが、ボランティアで展覧会を開かせていただきました。

その時に相田みつを作品の人気投票をやったんですよ。そうしたら、一位は断トツで「しあわせはいつもじぶんのこころがきめる」、二位は先ほどご紹介した「道」でした。この二つは何となく分かるんですけど、面白いことに、相田みつを作品としてはあまり知られていない「そのとき　どう動く」が三位に入っていたんです。これは嬉しかったですね。

横田　まさに地震という「その時」を体験されているから、この言葉が響くのかもしれません。

相田　父は「人生というのは、その時どう動くかの連続なんだ」とよく言っていました。父は書を書く人間ですから、筆を執《と》った瞬間から筆を擱《お》くまで、まさにどう動くかの連続なんですね。同じ言葉を書くにしても無限の書き方があって、どうやって書くかは毎回毎回違うわけですから。

書くということが父の人生そのものでしたから、「そのとき　どう動く」というのは、特別な言葉だったのかもしれません。

横田　相田みつを先生の人生にとって、最大の「その時」ともいえる逆境は何だったのでしょうか。

相田　父には兄が二人いて、どちらも成績優秀だったらしいんです。本来ならば二人の兄が進学して然《しか》るべきなのに、家が貧しかったために進学を諦《あきら》めて働いた。そのおかげで父は、当時一割ほどの進学率だった旧制中学に進学できたんですね。

父は兄たちの恩に報いるためにも一所懸命頑張って、学業成績もよく、剣道大会で優勝するなど、文武両道でした。目標だった陸軍士官学校への入学は間違いないと言われていた。ところが、四年生の時に軍事教練の科目で落第してしまうのです。なぜかというと、三年生までは相性のよい先生だったけれど、四年生の時に来た新しい先生とは相性が悪く、いじめられるようになってしまった。

当時、軍事教練不合格者は共産党員だと見られたそうです。父はとんでもない問題学生という烙印《らくいん》を押されて、進学できなくなってしまうんですね。そういう時に、相談に乗ってくれるはずの兄二人が相次いで戦死してしまう。ですから、父は十代後半で人生のどん底を経験しているんですね。これが父にとっての大きな挫折であり、

どうしようもない時は、一緒に手を合わせて、話を聞いて、涙をボロボロ流しながら拝む、祈る、それしかない。
横田

世の中にとって必要とされるものであれば必ず残る。必要とされないものはどんなに残そうと頑張っても残らない。

相田

転機だったと思います。

　おそらくその時の体験がベースにあって書いたんじゃないかと思われる作品が「肥料」です。「あのときの／あの苦しみも／あのときの／あの悲しみも／みんな／肥料になったんだなあ／じぶんが自分に／なるための」

横田　実に深い言葉ですね。

相田　先年、俳優・高倉健さんの追悼番組をやっていたので何気なく見ていましたら、高倉健さんは自分が感動した言葉を必ずノートに書き写していたと。で、何とそのノートに「肥料」の詩が書かれていたんです。銀幕の大スターには縁のない言葉かと思っていましたけど、この作品が好きだとおっしゃっていたので、驚くとともに嬉しくなりました。

これでいいという書は一点もない

横田　相田みつを先生は「そのとき　どう動く」という言葉を何枚も書かれていますね。それもいろんな書き方で。

相田　はい。ものすごい量を書いています。縦書きもあれば横書きもありますし、大きいの小さいの、様々なものを書いていますけど、納得のいく作品は一点もなかったんじゃないでしょうか。

　とにかく書に関しては、非常に厳しかったです。展覧会で展示するには、期日までに仕上げないとダメですから、一応その中でベストな書を仕上げて展示するんですね。それでたまに作品を買ってくれる人がいると喜びますが、しばらくすると作品の粗《あら》が見えてくるらしいんです。父はそれが耐えられなくて、買い戻して燃やしたり、もっといい作品を書いて交換したりしていました。

横田　私は日めくりカレンダーにあるこの言葉が好きで、よく使わせていただくんですけども、「これでいいということはないが／これがいまの／わたしの精いっぱいの姿です」。相田みつを先生は常にこういう心境だったんじゃないかと思います。

相田　そうでしょうね。本人がよく言ったのは、「求める世界が深くなればなるほど、迷いも深くなるんだ。だから、これでいいという書は一点もない」と。

　求める世界がどんどん深くなっていったら、迷いも全部なくなっ

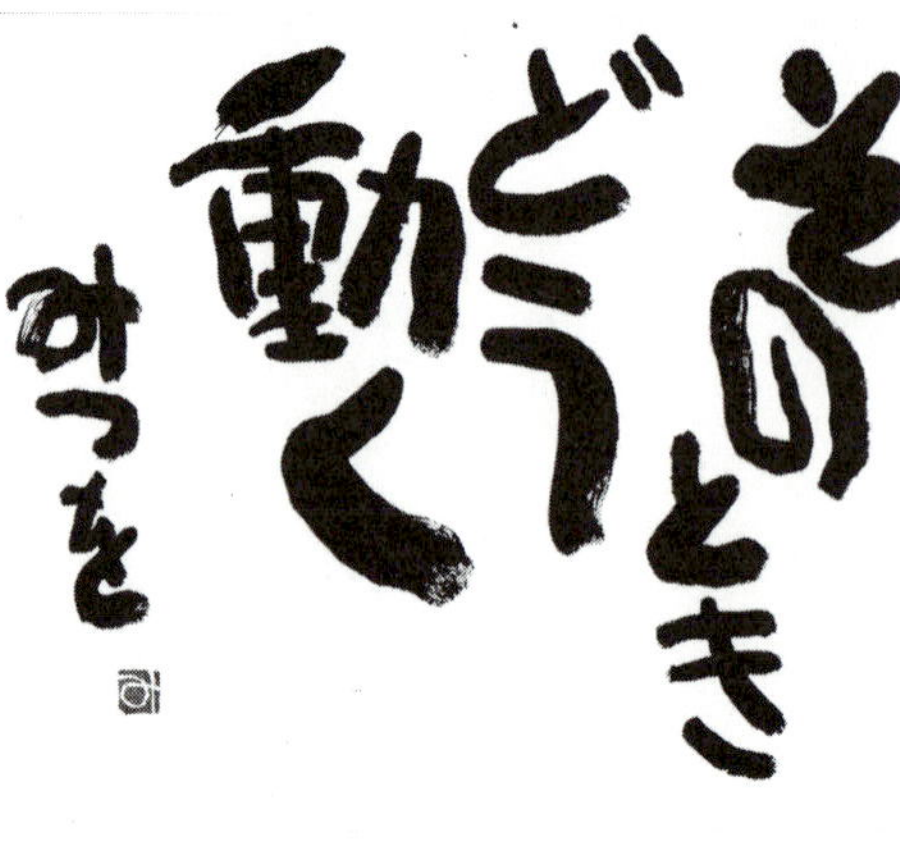

てしまったというのでは、「にんげんだもの」の世界から懸け離れてしまう。ですから父は、迷いが深くならなければ本当にいい書は書けない、と考えていたんじゃないでしょうか。それが父の書の魅力だと思います。

横田　魅力ということで言えば、私は相田みつを先生が自分の弱さを平気でお書きになって、それを認めておられるところが大きな魅力だと、こう思っているんです。

　本を読み直していたら、普段は家内や子供たちに対して、自分は若い頃に剣道をやっていたから、泥棒が来たって平気だと言っていたけれども、実際に泥棒に入られて一番怯《おび》えていたのは自分だった、と書かれていますね。

相田　そのことはよく覚えています（笑）。私が小学校三、四年生の時の冬の寒い日でした。

　父は中学の時から剣道を始めて、四段か五段くらい持っていたので、腕には覚えがあったんでしょう。我が家は泥棒なんか入ってくる家ではないけれども、もし入ってきたならば、どんな事情があってこんなボロ家に入ったのか、まずは話を聞こうじゃないか。よくそう言っていたんですけど、とんでもなかったです（笑）。

横田　でも、その弱さって普通ならば隠したいところなんでしょうけれども、相田みつを先生は決して繕《つくろ》わない。だから、私はむしろこの弱さを知っていることが一番の強さなのではないかと思います。

相田　そうですね。まさに「にんげんだもの」という言葉に象徴されるように、父は人間のよい面だけを認めるわけではなくて、ダメな面、弱い面もひっくるめて肯定していくタイプでした。

人の話を聞くことの功徳

横田　きょうは『円融便り』をいくつか持ってきたんですけれども、この中に「弱いから」という詩がありますね。

「わたしは弱い人間だから／ふつうの人といっしょでは／とても骨が折れるんです／みんなといっしょでは／とてもついてゆけません／わたしはのろまだから／同じことをやるにも／ひと（他人）より／はるかに手間がかかるんです／わたしは気が小さいから／まわりのことが／非常に気になるんです／わたしは怠け屋だから／いくつになっても／おっかない師匠が／必要なんです／わたしが／どうしようもない人間だから／安心できる／観音さまが必要なんです／いつでも／どこでも／どんな場合でも／わたしをじっと見ていてくれる／仏さまが必要なんです」

　これなんかも、自分の弱さを認めて表に出されて、だからこそ見守ってくれる観音さまが必要だと言われている。

　相田みつを先生は観音さまのことをよくお書きになっていますね。

相田　そうですね。例えば、「わたしのかんのんさま／あなたのおかげで／ぐちもこぼせる」とか。

横田　それから「かんのん讃歌」。これは相田館長がお父さんの代表作くらいに思っていると、どこかでお話しになったことが印象に残っています。

相田　ええ、これですね。

「アノネ／かんのんさまが／みていてくれるよ／なにもかも／みんな承知でね／かんのんさまが／みていてくれるよ／いいわけやべんかい／なんかしなくてもね／かんのんさまが／ちゃんとみていてくれるよ」

　言い訳や弁解なんかしなくても、観音さまはちゃんと見ていてくれるから、安心できる。その半面、言い訳や弁解を見透かしてしまう恐い存在でもある。だから、観音さまはよいところも悪いところも全部見ているんですよね。

横田　私の師匠で、円覚寺の先代管長である足立大進老師は、新しい若い住職が寺に入った時に必ずこう言っていました。
和尚たる者、言葉は三つだけでいいんだと。一つは誰かが訪ねてきたら、ただ「ああ、そう」「ああ、そう」と話を聞きなさい。とことん話を聞いて、それが嬉しい話だったら、最後に「よかったね」。辛《つら》い話だったら「困ったね、大変だったね」。この「ああ、そう」「よかったね」「困ったね、大変だったね」の三つだけでいい。それ以外のことは言うなと。

私は長年足立老師のお傍に仕えていましたから、それこそ耳にタコができるくらい聞いていました。それである時、この話を心理学の先生にしたら、「これはカウンセリングの究極だ」って（笑）。

足立老師の話に関連して、これも法話の時などによく使わせてもらっているんですけど、「観音さまのこころ」という詩の中に、こんな一節がありますね。

「どんな話でも／どんな悩みでも／だれかれの差別なく／『ふうん、そうか、それは大変だろうな……』／『さぞ苦しかったろうなあ……』／『痛かったろう……こんなになって……』／と、相手の立場になりきって／親身に聞いてくれる人／それが観音さまです」

相田　父はよく、話すことよりも人の話を聞くことのほうが大事なんだと言っていました。もっとも若い頃は、人の話を遮《さえぎ》ってでも自分の話をするほど自己顕示《けんじ》がものすごく強い人間だったんです。

横田　ご自身もそう書いていらっしゃいますね。

相田　それがいつ頃から変わったのかはよく分からないんですけど、晩年の作品に「うん」というのがあります。

「つらかったろうなあ／くるしかったろうなあ／うんうん／だれにもわかって／もらえずになあ／どんなにか／つらかったろう／うんうん／泣くにも泣けず／つらかったろう／くるしかったろう／うんうん」

晩年だいぶ人の話を聞くようになったと母が言っています。やはり年を経るにつれてこういう心境になったのだと思います。

東日本大震災を機に人間が百八十度変わった

横田　私自身もかつては、本当に聞いてあげるだけでいいのかなという気持ちがずっとあったんですけれど、最近はやっぱり聞いてあげるってことが非常に大事だと、つくづく思うようになりました。

そのきっかけをいま振り返ってみると、やっぱり東日本大震災なんですね。私は四十五歳で円覚寺の管長になったんですが、当時はこんな社交的な人間ではなかった。もう無愛想でね（笑）。

相田　全然そう見えません（笑）。

横田　ずっと寺で坐禅をしていて、どこかに旅行に行ったことは一回もありません。鎌倉から電車で東京に行くのも疲れて嫌だし、それから車がダメだったんです。数十分乗っただけで酔ってしまってどうしようもない。やっぱり自分の務めは寺で坐禅をすること、それ以外にないんだと思っていました。

ところが、管長になった明くる年に東日本大震災が起きた。これが私の人生を百八十度転換させたことなんですけれども、まさしくその時どう動く、ですね。

円覚寺派の寺は関東近辺に二百くらいあるんですね。それで義援金を集めて、被災した寺院に直接届けてお見舞いしようと、会議で決まりました。その時に宗務《しゅうむ》総長が私の前に跪《ひざまず》いて、「ここはぜひとも猊下《げいか》御自ら被災地に赴いていただきたい」と、こう言うわけです。

当時はまだ鉄道が動いていないので車で行くしかない。これは困ったなと。しかし、もう逃げるに逃げられませんから、現地に行きました。私が行っても炊き出しをするわけじゃないし、瓦礫《がれき》を拾ってくるわけでもない。私にで

何か悩んだり迷ったりしている時には、正しい姿勢で物事を考えることが一番大事なのだと思います。　相田

きることは、足立老師の教えのとおり、「ああ、そうですか」「大変でしたね」ってひたすら聞いてあげることしかありませんでした。

　最初は私がお見舞いに行っても、何の力になるかなと思っていたんですけれども、想像以上にものすごく喜んでくださったんですね。

相田　被災地に行かれたことで、聞いてあげることの大事さを実感されたのですね。

横田　それまでは坐禅をして自分を鍛えていけばいいんだと、こう思っていたんです。しかし、被災地に行くと、どれだけ坐禅をしたかなんてことは全《まった》く通用しません。

「どうもがいても／だめなときがある／ただ手を合わせる以外には／方法がないときがある／ほんとうの眼がひらくのは／そのときだ」

　という相田みつを先生の詩のとおりなんです。どうしようもない時は、一緒に手を合わせて、話を聞いて、涙をボロボロ流しながら拝む、祈る、それしかない。でも、それが被災された方々の生きる力になる。

　で、ふと気づいたら車酔いすることを忘れていたんですね。やっぱりその時どう動くで、自分のことは全く考えず、誰かのお役に立てればという思いで具体的に一歩動いたことによって、人間が変わることを実感しました。それからはお役に立てるなら、できる限り出向いています。

相田　すごいお話です。横田管長の人生を変えた「その時」ですね。

横田　当時の私を知っている人間からは、最近のおまえは別人だとよく言われます（笑）。

相田みつを美術館の誕生秘話

横田　きょうはせっかくの機会ですから、相田館長にお聞きしたいことがあるんです。

　我われの世界ではどんなに優れた禅僧がいても、一代限りでは何も残らない。後継者がいることによって、その禅僧の教えや功績が残るんですね。

　翻《ひるがえ》って、相田館長は偉大な芸術家であるお父様の作品を守ろうと、この相田みつを美術館を二十年間ずっと続けられている。企画展も年四回、常に新しい魅力的なテーマを打ち出されているし、館内は実に細かなところまで気が行き届

私は自分の弱さを分かる人こそが、人生に降りかかってくるあらゆる「その時」に本当に負けない人だと思います。　横田

いている。全国に美術館や記念館はかなりの数がありますけれども、個人の書家の美術館でこれだけの規模のところは、おそらく日本で唯一でしょう。

　いつも気になっていたんですが、相田館長のその原動力とこれまでのご苦労について、ぜひお話しいただければと思います。

相田　私が美術館の構想を持ったのは、いま思えば不思議な縁に導かれてのことでした。一九九一年の十二月十七日に父は亡くなりました。その数日前に小康状態になって、私は足利の病院から東京に戻ったんです。

　仕事が溜《た》まっていたので、その日は夜遅くまで残業していました。帰宅する時、駅の階段を下りて終電に乗ろうと思ったら、急いでいたのと疲れもあったんでしょう。足を踏み外して階段の上から下まで転げ落ちて、全治六か月の右足複雑骨折という大怪我をしてしまったんですね。

　緊急手術をして三日目に父が再び危篤《きとく》になってしまい、医者からはいま動いたら骨がずれてしまうと反対されながらも、無理を押して父のもとへ帰りました。しかし、私が帰った時、父は既に亡くなっていました。長男の私が喪主なんですけど、ギプスをしている上に麻酔が効いているので全く動けず、喋《しゃべ》れないほど酷《ひど》い状態でした。

　それで母に、「おまえはお父さんが元気なうちも頼りなかったけれど、最後まで頼りない」と言われまして、返す言葉が何もありませんでした。

横田　ああ、そんなことがあったんですか。

相田　葬儀が終わった後、私は父が亡くなった病室の隣の部屋に半年入院しました。絶対安静なので、ベッドの上で考えることしかできない。その時に思い出したのが、父が遺言のように言っていた言葉でした。

「もし自分が亡くなった後、美術館や記念館なんていうのは、ゆめゆめ考えるんじゃないぞ。世の中にとって必要とされるものであれば必ず残る。必要とされないものはどんなに残そうと頑張っても残らない。だから、そんなバカなことは絶対するな」

　その頃は私も若かったものですから、つくってみなければ必要とされるかどうか分からないじゃないかと。私は出版関係の仕事をしていましたので、入院中に遺作集の編集をしたり、美術館の構想を練っていったんです。それで、退院して五年目に美術館をつくりました。四十一歳の時でした。

横田　そういうドラマがあったのですね。

相田　美術館をつくろうと思っていた時、ある経営者の方から「あんたはどう見ても経営に向かないタイプだし、美術館は大変だから

やめなさい。三年間お客さんが一人も来なくても維持できるだけの資金があるんだったらやりなさい」と大反対されました。

私はそんなお金がなかったので、敢えて始めたのですが、もし私に中途半端な才覚があったならば、絶対に潰《つぶ》れていたと思うんです。そういうものが全くなかったからこそ、二十年間続けられたのかもしれません。

いまだに父の言葉は私の頭にありまして、父の遺志に反してやっているような忸怩《じくじ》たる思いは拭《ぬぐ》えないですね。ただ、あの時、怪我をしなければ相田みつを美術館はできていないですし、今日のように父の書が広く知られることもなかったかもしれません。

自分の弱さを分かることが一番の強さ

横田　いまのお話がまさしく象徴的ですけど、誰の人生にも姿形こそ違えども、「その時」というのは訪れるわけで、どういう心構えで対処していったらよいか。その辺りのことについて、相田みつを先生の言葉からヒントを探ってみたいと思いますが、相田館長はどうお考えですか。

相田　それは逆に私が伺いたいくらいですけど（笑）、「一寸千貫」という詩を父が残していましてね。

横田　あれはいい詩ですね。

相田　「むかし、大工さんから聞いたことばです／一寸とは約三・〇三センチのことです／一寸角の細い柱でも千貫の重みに耐えるということです／但し、まっすぐならば…（中略）…生きる姿勢が正しければ／どんな重みにも耐えるはず／一寸千貫だから／苦しい時こそ背筋をのばせ！！／「一寸千貫、一寸千貫」／苦しいことにぶつかるたびに／わたしの誦えた呪文です」

この詩を読む度にいつも思い出すことがあります。私は小さい頃、猫背だったからか、よく父に「姿勢が悪い」と言われました。いまになって思うと実際の姿勢よりも、精神的な姿勢のことを指していたんじゃないかなと。何か悩んだり迷ったりしている時には、正しい姿勢で物事を考えることが一番大事なのだと思います。なかなかできませんが。

横田管長はいかがですか？

横田　私は「だろう」という詩の冒頭を紹介したいと思います。

「昨日も無事に過ぎた／今日も平穏に終った／だから／あしたも平穏無事だろう――と、／〈だろう〉を当てにして／なんとなく生きているのが／わたし達、凡人の／毎日ではなかろうか？」

私たちが一番恐れなければならないのは「大丈夫だろう」「うまくいくだろう」という根拠のない先入観、これに胡坐《あぐら》を掻《か》いてはいけないんですね。

人生にはいつまさかの時が来るか分かりません。そういう事態に直面した時には、まず最悪を覚悟する。そこから冷静に状況を把握していって、自分を守ろうとするのではなく、どこまでも公平に、むしろ弱さを曝《さら》け出す。やっぱり弱さを自覚していることが一番だと思うんですね。

誰の言葉だったか忘れましたけれども、剣の修行を十年やると自分の強さが分かる。さらに十年やると相手の強さが分かる。さらに十年やると自分の弱さが分かると。私は自分の弱さを分かる人こそが、人生に降りかかってくるあらゆる「その時」に本当に負けない人だと思います。

相田みつを先生の詩や言葉を学んでいると、常に自分の弱さ、欠点、醜さを直視して、受け止めていらっしゃる。だからこそ、つまずいても立ち上がることができる。そういう生き方を目指していきたいものです。

きょうは貴重なお話をたくさん聞かせていただき、ありがとうございました。

森 信三

哲学者

〝国民教育の師父〟と謳《うた》われ、
現在もなお多くの人々に感化を与え続けている森信三氏。
「言葉は、その人の体験が根っこになって生まれてくるもの」
という自身の述懐のとおり、
自らの体験を通して摑んだ言葉には千金の重みがある。

明治29年9月23日、愛知県生まれ。大正15年京都大学哲学科卒業。昭和13年旧満州の建国大学教授、28年神戸大学教授。「国民教育の師父」と謳われ、86歳まで全国を講演、行脚した。平成4年逝去。著書に『修身教授録』『人生二度なし』『森信三一日一語』『森信三訓言集』『10代のための人間学』『父親のための人間学』『家庭教育の心得21』（いずれも致知出版社）など多数。

『森信三 運命を創る100の金言』より

【道に浸る】

すべて一芸一能に身を入れるものは、
その道に浸《ひた》り切らねばならぬ。
身体中の全細胞が、画《え》なら画、短歌なら短歌にむかって、
同一方向に整列するほどでいなければなるまい。
つまりわが躰《からだ》の一切が画に融《と》け込み、
歌と一体にならねばならぬ。
それには先ず師匠の心と一体になるのでなければ、
真の大成は期し難い。

【個性の発揮】

人は職業以外の道によって、
その個性を発揮するということは、
ほとんど不可能に近い。

【真剣】

人間が本当に真剣になると、
パッと夜中に目があいた時とか、
あるいは朝、目のさめた瞬間に、
大事な問題がパッと分かるものなんです。

【雑事雑用】

日常の雑事雑用をいかに巧みに要領よくさばいていくか——そうしたところにも、人間の生き方の隠れた呼吸があるということです。

【黄金のカギ】

わたくしは、皆さん方に一つの「黄金のカギ」をさしあげたいと思います。
それは何かというと、
われわれ人間にとって真に生きがいのある人生の生き方は、自己に与えられたマイナス面を、プラスに逆転し、反転させせて生きる」という努力であります。

【敬の一念】

尊敬の念を持たないという人は、小さな貧弱な自分を、現状のままに化石化する人間です。

したがってわれわれ人間も敬の一念を起こすに至って、初めてその生命は進展の一歩を踏み出すと言ってよいでしょう。

【一天地を拓く】

人は自己に与えられた境において、
常に一天地《いちてんち》を拓《ひら》かねばならぬ。

【休息】

休息は睡眠以外には不要——という人間になること。
すべてはそこから始まるのです。

【打ち込む】

人間は片手間仕事をしてはならぬ。
やるからには生命を打ち込んでやらねばならぬ。

【弱き善人】

弱さと悪と愚かさとは互いに関連している。
けだし弱さとは一種の悪であって、
弱き善人では駄目である。

怒濤の人生

～かく乗り越えん～

平成二十四年、地方の巡業先で転倒による首の強打によって四肢麻痺となり、首から下がまったく動かなくなった尾車浩一さん。手術、苦闘のリハビリの末、現在は杖一本で歩行できるまでに回復した。専門医も「奇跡」と驚く回復をなし得た尾車さんに、怒濤の人生を乗り越えてきた「心の持ち方」についてお話しいただくため、同年七月、熱戦の繰り広げられる名古屋場所をお訪ねした。

ああ、これは えらいことになった

――十年前にもご登場いただきましたが、大変お元気な印象が強かっただけに、昨年（平成二十四年）、脊髄損傷《せきずいそんしょう》で四肢麻痺《ししまひ》になられたという報道を聞いて大変驚きました。

尾車　私、昨年の二月に相撲協会内の巡業部長に就任したんです。平成六年から巡業部に籍を置き、自分なりに改革する点がいっぱいあるなと思ってきました。三月の本場所を終え、部長として初めて四月に巡業を迎えました。

スタートの四月一日は伊勢でした。神宮に集まった全力士の前で巡業の責任者として私なりの決意を述べました。相撲界は不祥事やらいろいろあったと。だからお客さんは本当に相撲界が変わったのか、変わっていないのか、ちゃんと見ている。俺も精いっぱい頑張

尾車浩一

日本相撲協会巡業部部長・理事

おぐるま・こういち――本名中山浩一。昭和32年三重県生まれ。14歳で佐渡ケ嶽部屋に入門、46年初土俵。52年初場所入幕。53年初場所史上4番目の若さで関脇になる。左膝の故障で一時は幕下三十枚目まで転落したが、関脇に返り咲き、その後も怪我に悩まされながらも56年秋場所初優勝。大関に昇進。60年引退。主な成績は幕内優勝2回、三賞受賞6回で大鵬と並ぶ史上6位の幕内連続勝ち越し25場所の記録がある。62年尾車部屋を創設。

心が一番、技が二番、体が三番。技や体がすぐれていても、心がダメなやつは相撲がダメだ。

るから、みんな一緒についてきてくれ。とにかく真剣な取り組みを見せようと。

奈良を経て、四月三日と四日は福井県小浜《おばま》で二日間の興行でした。市内の体育会に養生用のブルーシートを張って、そこに土俵を設置して開催したのです。

そして二日目の出来事でした。きょうも巡業がうまくいってほしい。そんな思いで会場内を歩いて視察していたんです。ふと、土俵のほうが気になったんですね。ひょいっと、土俵のほうを見ながら前方を確認せずに歩いていたのが災いしました。足がブルーシートのつなぎ目に引っかかって、バターンと。どんなふうに倒れたのか自分では覚えていないけれども、転倒して、気づいたら床に仰向けになっていました。

ああ、転んでしまった。立ち上がろう、と思っても、体に力が入らないんですよ。あれ？　動かないと。周囲の人たちに上体を起こしてもらいながら、手足に「動け、動け」と指令を出したけれども、残念ながらピクリともしなかった。「あぁ、これはえらいことになったな」と思いました。

――その時、既に起こった事の重大さに気づいていらしたのですね。

尾車　これは後から分かることですが、この時、私は首を強打して脊髄を損傷してしまったんです。四肢麻痺状態で動かない体を救急車に乗せられて、小浜市内の病院へ。そうして検査、検査が続いて、MRIの狭い箱の中に入れられた時、涙が出てきました。どういう涙と言ったらいいのかな……。情けないのか、悲しいのか、よく分からないけれど、天井を見ながら涙がポロポロと出てきたことは覚えています。

翌朝、ヘリの手配がつかず、民間の救急車でストレッチャーに寝たまま東京の慶應病院へと向かいました。駆けつけた女房と、小浜の病院の先生が同乗してくれていましたが、聞けば到着まで八時間もかかったといいます。その間、私は「なんで自分がこんなことに」という情けない思いと、ただただ女房に「すまない」という、それだけでしたね。

怪我ばかりの人生だった

――思えば、親方は現役時代も怪我には随分苦しめられましたね。

尾車　そうなんです。昭和五十二年、十九歳の時に入幕して、その一年はすべての場所を勝ち越し。翌五十三年には史上四番目の速さで関脇に昇進しました。ところが五十四年の初場所で左膝を痛め、幕下三十枚目まで落ちたんです。

そこで一年休場し、戻った年には四場所連続で勝ち越して、「今場所、好成績を収めれば大関」と言われた場所で、またしても左膝を怪我してしまいました。前回より重傷で、靭帯《じんたい》と半月板が千切《ちぎ》れるほどの大怪我でした。手術を受け、復帰してから初優勝、後に大関にまで昇進しましたが、怪我には泣かされてきました。

　ここぞという時に怪我をする。今回もそうです。巡業部長になり、長年お世話になってきた相撲界に少しでも恩返ししたいと思った矢先のことでした。なんで俺は怪我ばかりの人生なのかなと思いましたよね、最初は。

　ただ、怪我の一生といっても、現役時代の場合は「痛かった」んですよ。痛いのは「ちくしょう」と言って、我慢すれば動かすこともできるじゃないですか。

　でも、今回は動かない。首から下はぴくりともしませんでしたから。正直、根性だとか我慢だとか言っても、一体何に我慢するのか。動かないことを我慢すればいいのか？　現役の時は「もう一回やってやる、もう一回やってやる」と頑張ってきたけれど、今回ばかりは「やれる」という根拠が自分の中に何もなかったんです。

――そんな不安な状況でも手術に踏み切られましたね。

尾車　先生からは、このまま何もしなければ一生現状のままだろうと。ただ、手術をしても回復には個人差があるから保証はできない、という説明がありました。

　そうなれば、どっちにしても手術するしかないわけですよ。相撲と一緒で、稽古をやっても勝てるかどうか分からないけれども、やらなければ勝てない。それだけは分かっている。そうしたら、やるっきゃないわけで。それで「お願いします」と言ったんです。

――具体的には、どのような手術だったのですか。

尾車　脊髄は大切な神経がいっぱい通っている場所なんですね。簡単にいうと、その神経を守っているカバーが、転倒して強打したことによって、神経の束を押し潰してしまっていると。その潰れた部分を広げる手術を行いました。

　術後、ほんの少し、ピク、ピクと動くようになって、リハビリも少しずつ始めました。だけどやっぱりまだ先は見えない。回復はどうなるか分からないという段階の時、看護師さんがこんな話をしてくれたんですよ。

「中山さん（本名）と同じ怪我を負って退院した人の中にはカレーライスを自分の手で最後まで食べた人もいますから、頑張りましょうね」

　裏を返してよく考えれば、俺はカレーライスすら一人で食べることが難しいような大怪我をしたんだと。そんな大変なことなんだと思うと、看護師さんが親身になって励ましてくれている分、この言葉は重く響きましたね。

絶対に希望は捨てない　捨てちゃダメだ

尾車　ただ、本当に看護師さんたちには毎日感謝していました。汚い話ですが、下の世話も看護師さんたちにやってもらっていたわけですからね。こういう仕事に就いてくれる人がいなければ、俺みたいな怪我をした人間はどうなるんだろうと思いました。

　だけど、やっぱり下の世話は堪《こた》えましたねぇ……。そういうこともあって、あまり食事をとらなくなりました。排泄《はいせつ》の世話になるのも嫌だし、そもそも食べる気力も湧いてこないんですよ。動いていないから筋力も落ちて、二十五キロも痩せました。

――確かに、以前とは別人のようにお痩せになりました。

尾車　入院して一か月くらい経った頃かな、それまで体を拭いてもらっていたのが、風呂に入ることになったんです。風呂場に連れて行かれて、裸にされて、鏡にストレッチャーに寝ている自分が映った時、まるでマグロの解体ショーで身が抉《えぐ》り取られた後みたいだった。足はしわくちゃで、俺はどうなったんだろうと思って、声を出して泣きましたね。
　看護師さんに「中山さんだけではないですよ。皆さん、泣かれますから、ここで泣いてください」なんて言われて、これはもの凄《すご》い闘いだと思いました。

――出口の見えない闘いですね。

尾車　でも、そんなある日、弟子たちが皆で見舞いに来てくれた時がありました。私を頼って部屋に来てくれたのに盾になってやれない自分が情けなくて、やっぱりここでも泣いたんです。
　そして、やっぱりこの子たちを守ってやらなければいけない。少なくとも生きていてやらなければ、預けてくださった親御さんたちにも申し訳が立たない。また、家族にもつらい思いをさせているけれど、もう一度家庭に笑いを取り戻させないといけない。だから、弟子と家族、そのために絶対に頑張ろうと思うようになりました。
　先生から「神経は一日一ミリ伸びていくから、最初は効果が見えなくても絶対に希望は捨てちゃダメだ、いや、捨てないでください」と言っていただいたことも支えになりました。

自分に残された最後の指導法

――そこから本腰を入れてリハビリに取り組まれたのですね。

尾車　OT（作業療法士）、PT（理学療法士）と呼ばれる人たちが病室に来てくれてボールを握ったり、足を曲げたり伸ばしたりのところからのスタートです。
　また、車イスに乗り移る練習では、ずっと横になっていた人間が縦になると血圧がぐっと下がって「起立性低血圧」という貧血状態になるんです。だからベッドから起き上がり、車イスに乗って一分ですぐ戻る、次は二分と、その繰り返し。

――一進一退ですね。

尾車　はい。慶應病院には二か月入院して、その後、千葉のリハビリ専門のセンターに移りました。そこは学校の時間割みたいに表がくるんですよ。午前中は手と肩、午後は下半身ですよ、と。
　センターには脊損の人だけでなく、脳梗塞の後遺症の方やお年を召して歩行困難になった方など、様々な症状の方がいました。そうすると、「きょうは調子が悪い」とか「やりたくない」という人が出てきて、リハビリの先生の時間が急に空く時がある。その時は「俺にやらせて」と言って、人の時間もいただいてリハビリしました。
　また、一人の時間は車イスや杖を突いての歩行の自主練をやりましたね。とにかく弟子の元に、家族の元に帰りたい一心でした。

――現役時代同様、人の倍以上の努力をされたのですね。そちらのセンターにはどのくらいいらっしゃったのですか。

尾車　半年間です。だから時系列で言うと、四月に受傷して、二か月間慶應病院にいて、半年間リハビリセンターにいて、十一月に戻りました。そしてその翌々日に九州場所に向かいました。

――え、翌々日に？　周囲には反対されたでしょう。

尾車　「無謀だ」「絶対に無理だ」と言われました。いまにして思えば確かに無謀もいいところなんですよ。でも、自分の中では、土俵に育てられたんだから、土俵を見たら何か変わるんじゃないかなという思いがありました。子供たちについてきてもらって九州場所に行きましたが、本場所の土俵を見た時の思いは、なんとも言えないですね。帰ってきたというか、帰ってこられたというか。
　車イスを持っていったんですけど、あえて杖で歩いたんですよ。やっぱり土俵の前では、弱みを見せたくないんですね。土俵を前に「痛い、痛い」と足を引き摺《ず》っていたら、その足を狙われるだけの

世界じゃないですか、相撲って。そうやってずっと生きてきたから、車イスに乗っているところは絶対に見せたくなかった。

――苦しくても、つらくても、土俵の前では見せないと。

尾車　はい。それと、やはり弟子に「頑張れ、頑張れ」と言ってきましたからね。ほとんど私が現役を辞めてから生まれた子ばかりで、「俺は怪我をして、幕下三十枚目まで落ちても頑張ったぞ」なんて言っても通じないんですよ。

　だから私に残された最後の指導法は、格好いい、悪いは別として、この怪我から逃げずに闘う後ろ姿を見せて、何かを感じてもらう。それだと思っているんですよ。

相撲に学んだ心の持ち方

――現在はどの程度まで体の機能は回復されたのでしょうか。

尾車　見てのとおり、体の筋肉がまだありません。お尻なんかゴツゴツ骨が当たるので、こういう分厚いクッションがないとダメです。

　また、低いソファは無理ですが、五十㌢以上くらいの高さからは自分で立ち上がれるようになりました。車イスには一切乗らないで、杖で歩いて移動できます。

一番怖いのは怪我ではないし病気でもない。他人でもない。自分自身です。

稽古に泣いて土俵に笑う。怪我に泣いて、最後に笑う。

手足はまだ重いですし、痺《しび》れもありますが、怪我をした当初握力が右ゼロ、左4だったのが、いま右15、左20くらいになりました。グラスも持てますし、障碍《しょうがい》のある人のために工夫された箸《はし》なら最後まで自分で食事ができます。また、相撲協会でも巡業部長の任のまま仕事をさせていただいています。ただ、女房やいろんな方の手助けがないと、どこにも行けないことは確かです。

―― 先ほどの看護師さんのお話からすると、そこまで回復するのは奇跡的なことではないですか。

尾車　うん、いま家に来ていただいているリハビリの先生は「長く脊損の患者さんを見てきたけれども、こんな重度の怪我で立っている人を見たのは私は初めてだ」と言っています。

自分は怪我の一生だと言いましたが、こうして取材を受けて、それを見て、障碍のある方やあるいは人生に悩んだり挫けたりしている人が少しでも元気になっていただけるなら、意味のあることだと思っています。

また、私も自分をさらけ出すことによって、「もっと頑張らんといかん」と力をもらっていますから、切磋琢磨させてもらっています。だから、胸を張って、足を引き摺っている。胸を張って杖を突いている。そういう気持ちでいます。恥ずかしいなんて思わないぞと思っています。

―― 奇跡の回復に多くの人が勇気をもらいますね。

尾車　自分も正直、弱気になった時、iPadで「脊髄《せきずい》損傷」なんて検索してみると、こういう症状になる、という事例がいっぱい出てきました。確かにそれは嘘《うそ》ではないですよ。だけど私は「俺が歩けないと誰が決めたんだ」と思ってきました。例外は絶対にある。あるから例外なんだと。

私は師匠から「〝心技体〟は心も技も体も優れていることじゃない。順番なんだ」と教わりました。要するに、心が一番、技が二番、体が三番。技や体がすぐれていても、心がダメなやつは相撲がダメだ。少し怪我があっても、心がしっかりしていれば勝てると、よく力説されました。

―― 心がしっかりしていれば勝てると。

尾車　飯《めし》を食い過ぎても胃に穴は

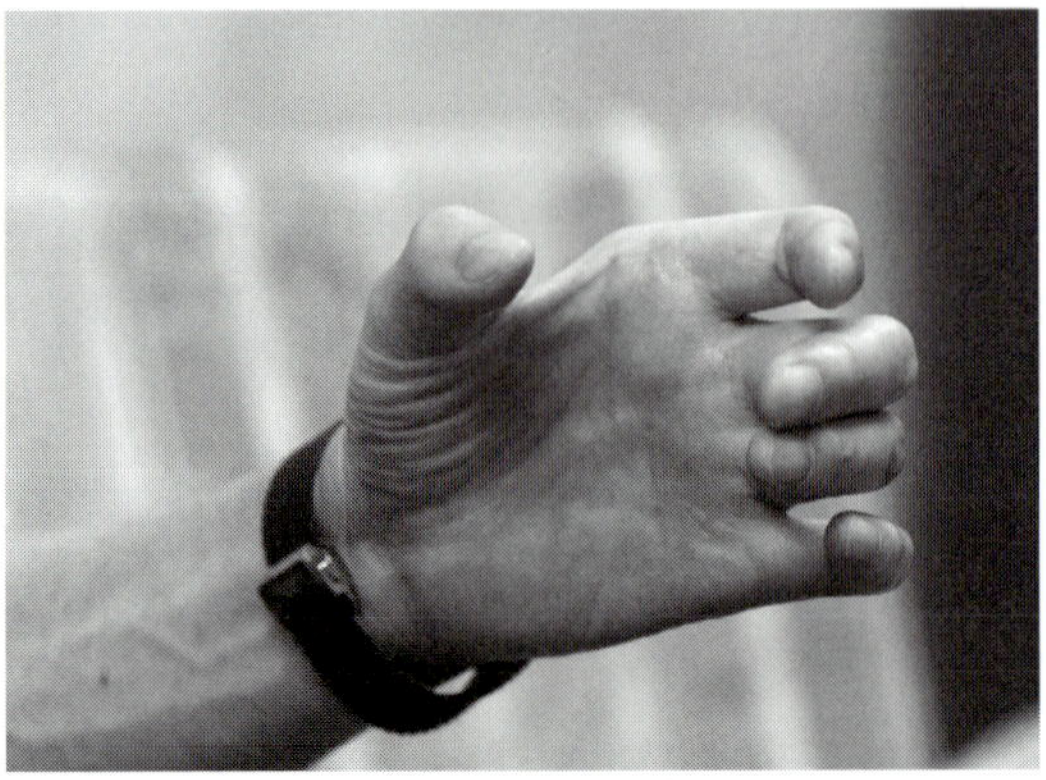

まだ手足には麻痺が残っている（取材当時）

開かないけれど、飯も食ってないのに悩んでいると胃に穴が開く。だから、くだらないことを考えている暇があったら稽古せい、といつも師匠から言われてきました。

私も怪我をして泣きました。悩みました。だけど、最後は「やるしかない」と。力士をやっていたおかげで、歩みを止めず、闘いの土俵に上がるしかない、という答えを自分で持っていたんですね。

一生休むなと決められた人生

——そういう意味では、奇跡的な回復も心の持ち方次第ということですね。

尾車　だから、心に負けると自分に負けるということかな。一番怖いのは怪我ではないし病気でもない。他人でもない。自分自身です。

ただ、私も人間ですから、最初から「やってやろう」なんて思っていないわけです。凡人ですから、「終わったな」「無理だな」「もうダメだ」と思うこともあった。

そこで何かのために頑張るというものを常に持っている人でないとダメだと思います。今回私は弟子のために稽古場に戻らなければならない、もう一度家族に笑いを取り戻させたいと。そして願わくば、お世話になった相撲界にご恩返しするために、もう一度働きたいということが大きな目的でした。

——自分以外の何かのために。

尾車　はい。自分のためにやることは、しょせん甘いです。自分は楽を選びたいもの。嫌ですよ、苦しいこと、つらいことは。

稽古中もそうです。親方に「ほら、琴風（現役時代の四股名《しこな》）、四股を二百回踏め」と言われると、二百回踏んだ後に、「おふくろのためにもう二十回」「俺の出世を待っているおばあちゃんのためにもう二十回」と、そうやって四股を踏んできたんですよ。それがプロの世界、競争の世界です。

だから弟子たちにも言うんです。稽古が終わった後、礼儀として親方である私に「どうもごっつあんでした」と挨拶に来る。その時、「ここまではおまえがやったんじゃないよ。親方が言うからやったんでしょ。ここまではやらされたんだ。ここからおまえが誰のために頑張るかだよ」と。

一日十回余計に四股を踏む。一年で三千六百五十回です。この三千六百五十回を大晦日一日で取り戻せませんよ。この少しの差が人との差になるんです。

でも、これは自分のためだったらやれていなかったと思います。

——相撲と怪我、どちらも心の持ち方のベースは一緒なのですね。

尾車　はい。だから私はいま、五十六歳になってもう一度土俵に上がっているような心境です。おかげさんでこの怪我は一日でも怠けると元に戻るというか、三日も寝ていたら歩けなくなる。

以前は弟子を育て、ある程度相撲界にご恩返しができた後は、女房とのんびり過ごしたいなと思っていましたが、こうなった以上、「一生休むな」と決められた人生なんだろうなと思っています。

だからこそ、「私は死ぬまで一度も怪我や病気がなく、いい人生だった」と言って亡くなっていく人、もちろんそれは最高ですが、怪我をしてしまった以上、そういう方々にも負けないくらい、いい人生にしたいと思っています。

現役時代、サインを求められると「稽古に泣いて土俵に笑う」と書いていました。怪我をして休場した時は、「この日のことを笑って話せる日が来るまでは絶対に泣かないぞ、辞めないぞ」と思ってリハビリをしてきました。今回も一緒です。この怪我によって私も、弟子も、家族も、一度は笑いを失いました。だけどもう一度心からの笑顔を、笑いを取り戻したい。最後には絶対に笑ってやる。

「怪我に泣いて、最後に笑う」

いまはそんな気持ちでいます。

坂村 真民

仏教詩人

「念ずれば花ひらく」の詩で知られる詩人・坂村真民《しんみん》氏。生涯に残した詩の数は、一万遍以上にものぼるといわれる。多くの人々の心に光を灯してきた詩言の力を味わいたい。

明治42年熊本県生まれ。昭和6年神宮皇學館（現・皇學館大學）卒業。22歳熊本で小学校教員になる。25歳で朝鮮に渡ると現地で教員を続け、2回目の召集中に終戦を迎える。21年から愛媛県で高校教師を務め、65歳で退職。37年、53歳で月刊個人詩誌『詩国』を創刊。18年97歳で逝去。仏教伝道文化賞、愛媛県功労賞、熊本県近代文化功労者賞受賞。著書に『坂村真民一日一言』『坂村真民詩集百選』『自選 坂村真民詩集』『詩人の颯声を聴く』など多数。講演録CDに『こんにちただいま』（いずれも致知出版社）がある。

『坂村真民一日一言』より

【一度】

人は一度
死なねばならぬ
日は一度
沈まねばならぬ
光は一度
闇にならねばならぬ
これが宇宙の教えだ
このことがわかれば
大概のことはわかる

【前から後ろから】

一道を行く者は
孤独だ
だが
前から呼んで下さる方があり
後から押して下さる方がある

【男の命】

男は何に
命を賭けるか
これがわたしの
命題

【苦難】

苦難は
神の愛
喜べ
喜べ

【本もの】

人間は本ものに出会わないと
本ものにならない

【六魚庵箴言《ろくぎょあんしんげん》】

狭くともいい
一すじであれ
どこまでも掘りさげてゆけ
いつも澄んで
天の一角を見つめろ

【風と詩】

いつも嵐が
吹いている
それが
詩人というものだ

【苦】

苦がその人を
鍛えあげる
磨きあげる
本ものにする

【本ものの道】

この道はあきることはない—あきる道は本ものではない。この仕事はあきることはない—あきる仕事は本ものではない。あきない道だから、あきない仕事だから、いつも新しく、いつも生き生きしている。

【闇と苦】

闇があるから
光がある

苦があるから
楽がある

闇を生かせ
苦を生かせ

【悟り】

悟りとは
自分の花を
咲かせることだ
どんな小さい
花でもいい
誰のものでもない
独自の花を
咲かせることだ

【最高の人】

最高の人というのは
この世の生を
精いっぱい
力いっぱい
命いっぱい
生きた人

【しんみん五訓】

クヨクヨするな
フラフラするな
グラグラするな
ボヤボヤするな
ペコペコするな

【六魚庵独語】

よい本を読め
よい本によって己れを作れ
心に美しい火を燃やし
人生は尊かったと
叫ばしめよ

後から来る者たちへのメッセージ

鍵山秀三郎氏。イエローハットの創業者である。
自転車一台で始めた商売を、一部上場に至るまで発展させた。
また、社員の心の荒みをなくしたいと創業時に始めた掃除の実践は、
今日まで50年以上に及び、運動の輪は会社の枠を超え、日本全国のみならず世界にも広がっている。
その鍵山氏が自らの人生を振り返り、若い経営リーダーに向けて語った講話は、
そのままこれからの時代を担っていく人たちに託す貴重なメッセージになっている。

鍵山 秀三郎

日本を美しくする会相談役
イエローハット創業者

かぎやま・ひでさぶろう　昭和8年東京都生まれ。27年疎開先の岐阜県立東濃高校卒業。28年デトロイト商会入社。36年ローヤルを創業し社長に就任。平成9年社名をイエローハットに変更。10年同社相談役となり、22年退職。創業以来続けている掃除に多くの人が共鳴し、近年は掃除運動が内外に広がっている。日本を美しくする会相談役。著書に『凡事徹底』『あとからくる君たちへ伝えたいこと』『鍵山秀三郎　人生をひらく100の金言』（いずれも致知出版社）など。

守られていることには鈍感 意に沿わないことには敏感

私は今年（平成二十七年）八十二歳になります。昭和八年に生まれて東京の靖國神社のすぐ裏に住んでおりましたが、十一歳の時に学童《がくどう》疎開《そかい》で親の元を離れました。さらに岐阜県に疎開をしてそこで農業生活をして、二十歳の時に裸一貫で再び東京へ出てまいりました。

その時に就職した会社で八年間お世話になり、昭和三十六年に二十八歳で独立しました。自転車一台で物を売り歩くところから始め、随分苦労もしましたけれども、おかげさまで平成九年には東証一部への上場を果たすことができました。

そこで、これからは創業の時から続けてきた掃除を世の中に広めてまいりたいと考えて、すぐに社長を退き、いまは掃除にすべてのエネルギーを注ぎ込んでおります。

＊＊

私はもともと怠惰《たいだ》で、無気力で、ただ遊ぶしか能のない少年でした。そんな私の一大転機となったのが十一歳の時の疎開でした。初めて親の元を離れたことによって、それまで自分がいかに親に世話になってきたか、親というものがいかにありがたいものかということを初めて実感したわけです。もし疎開で親の元を離れることがなかったら、私は怠惰なまま一生を終えていただろうと思うのです。

人間というものは、人から愛されたり、守られたりしていることに対しては極めて鈍感です。逆に、自分の意に沿わないことに対してはとても敏感にできているんですね。幸い私は十一歳にして、親に愛され、守られてきたことに気づいたおかげで真っ当な人生を歩むことができました。まさしく私の人生の一大転機でございました。

成長を求めるなら 厳しい道を選ぶこと

山梨県の学童疎開先にて栄養失調になり、視力を失うほど厳しい生活を強いられましたが、私はそこでたくさんのことを学びました。最も大きかったことは、忍耐心が身についたことです。私はその忍耐心だけを持って二十歳で東京に出てきたのです。

私が就職した会社の労働環境は、いまの時代からはとても考えられないくらいに過酷で、私は入社当初から自分の能力を遙《はる》かに超えるような理不尽なことを次々と命じられました。しかしいま振り返ると、これがよかったのだと思います。人間というものは、楽な環境に身を置いている間は決して成長しません。自分の能力を遙かに超えることを求められる環境に身を置いた時に、初めて人間は成長していくものなのです。

私は学歴も、知識も、技能も、才能もない人間です。何もなかったから辛《つら》いことも我慢しました。もし私に何某《なにがし》かの能力があったら、あそこまで我慢できなかったと思いますが、何もなかったがゆえに、ここでやるしかないと覚悟を決め、決断したのです。

成長のもう一つの条件は、覚悟をして決断をするということです。私はこれまで、失敗したら命がもたないほどの厳しい決断を迫られたこともありますけれども、そうした体験から、人間は覚悟をして決断をした時に飛躍的な成長を遂げることを実感しています。逆に、何の覚悟も決断もしない人は、いつまで経っても成長できないと私は思います。

少し当時のことをご紹介しますと、その会社はいろんなことをやっておりまして、例えば米軍の払い下げ物資を落札してトラックで引き取ってくるという仕事もございました。私は田舎の高校出身で、多少文章が読める程度の英語力しかありませんでしたが、社長から指示された入札の基準に従って商品を落札し、税関に税金を払って引き取りに行きました。

私の親のような年齢の人夫さんたちをたくさん乗せて、トラック数台を連ねて引き取りに行くのですが、朝の九時から十一時半までの間に積み終えなければ、閉め出されてしまうので、とにかく時間内に終えるために必死でした。土砂降りの雨の中では荷台はツルツル滑り、二度ほどドラム缶ごと下に落ちたことがあります。もしドラム缶の下敷きになっていたら、きょうこうして皆さんの前には立っていなかったでしょう。

二《メートル》以上あるような大きなタイヤを倉庫からトラックまで転がして運ばなければならないこともありました。足元が悪く、途中で倒したらとても起こせないので、神

人間というものは、人から愛されたり、守られたりしていることに対しては極めて鈍感です。

経を磨《す》り減らすような思いで運びました。トラックまで運び終えたところで倒してしまったことも一度ありましたが、この時も運よく下敷きにならずに済みました。

他にも過酷な仕事をたくさん命じられ、毎日が本当に命懸けでした。けれどもそのおかげで、能なしで意気地がなく、何もできなかった人間が、僅《わず》か八年の間にいろんなことを身につけられたのです。もし楽な会社に入っていたなら、とてもそういう力を身につけることはできなかったでしょう。自分の能力を遥かに超えることを要求されるような環境に身を置いたおかげで、私は大きな成長を遂げることができたのです。

自分の成長を求めるなら、楽な道を選んではダメです。より困難で厳しい道を自ら選ぶことが大事です。

永久に不可能なことはない

他者から困難を強いられたことも多くありましたが、私は自ら困難な道を選んだことも何度かあります。

独立して十五年経った昭和五十一年に、私は当時五十一億円の年商のうち、約二十九億円を占める会社との取り引きを停止する決断をしたのです。周囲からは「気でも狂ったのか」「すぐに潰れるぞ」と散々言われましたけれども、私は決断を覆《くつがえ》しませんでした。結果的に、その会社と取り引きを続けた会社はいま一社も残っていませんが、当社だけは存続しています。大変な決断でしたが、私の判断は間違っていなかったのです。

「背水の陣」という言葉がございますが、私の場合はそれよりもっと厳しい「水中の陣」でした。「背水の陣」は後ろの川に入ればまだ下がれますが、私の場合はもう水の中に入っているので、一歩でも下がれば命がもたない。もう前に進むよりしようがないという状況だったのです。

しかし人間とはすごいもので、そういう後がないところでも本気で覚悟、決断をしてやっていると、それまで見えなかったことがものすごくよく見えるようになるのです。そのおかげで私は次々と大ヒット商品を生み出すことができました。

お客様のたったひと言をヒントに商品をヒットさせたこともあります。

千葉県柏市で近隣のガソリンスタンドに商品を卸していた時、ある店長さんから、お客様から頼まれた商品が手配できずに困っていると相談を受けました。私がアメリカの田舎町の会社でつくられていることを突き止めてお持ちすると、大変喜ばれました。私は店長さんの喜びようを見て、きっとこの商品を欲しがっている人は他にもたくさんいるはずだと思い、その商品をたくさん輸入して爆発的にヒットさせたのです。

他にも次々とヒット商品を生み出しましたが、その中には同業他社が見落としていた既存の商品に光を当てて大ヒットさせたものもたくさんあります。私にそれができたのは、「水中の陣」とも言う

べき厳しい環境に身を置いていたからであって、もし私がぬくぬくと恵まれた環境にいたら、決してそういうものを見出す力は引き出されなかったでしょう。おかげさまで六割もの売り上げを失いながら、それを補って余りあるほど大きな収益を上げる会社に飛躍できたのです。

　ですから、もし自分を飛躍、成長させたいと思うならば、厳しい環境に身を投じることです。これは私の体験から自信を持って言えることです。

　こういうことを申し上げると、いや、そんなことは不可能だと言われるのですが、しかし、不可能というのはいまできないことを言うのであって、永久に不可能ということではありません。自分の能力が足りなくてできないのであれば、自分の能力を磨いて高める。一人でできないのであれば協力者を求める。そうすれば、現在不可能であっても、必ず可能になると私は考えます。

日々の試練に耐えることは宗教的苦行より価値がある

　人から不可能だと言われるような常識外れのことに挑戦しようとすると、必ずいろんな壁が立ちはだかります。

　ドイツの哲学者、ショーペンハウエルは、何事かをやり始めて成功するまでには三段階あると言っています。第一段階は笑い者になる、嘲笑《ちょうしょう》される。第二段階は激しい反対、抵抗を受ける。その過程を経て、第三段階にして成功を遂げることができるというのです。

　確かに私もそうした経験をたくさんしてまいりました。

　創業当初は、十分な労働環境を整えることができませんでした。それでも社員たちには、何とか心を荒《すさ》ませずに働いてほしい一心で、せめて身の回りの環境を美しくしようと考えて職場の掃除を始めました。

　その活動はたった一人で始めたことであり、誰に命じたものでもないのですが、十年を過ぎた頃から一人、二人と手伝うようになり、やがて会社の枠を超えて全国に広まり、いまでは北京、台湾、ルーマニア、イタリアなど、海外にまで広まっています。

　ところが掃除を始めた頃には、「そんなことしかできないのか」と散々馬鹿にされ、嘲笑されました。企業研究で当社を訪れたある有名大学の先生からは「あなたは社長を替わったほうがいいですよ」とまで言われる始末でした。

　私は、ショーペンハウエルのような偉大な哲学者でさえ嘲笑や抵抗に遭うのであれば、自分のような凡人がそういう目に遭うのは当たり前だと考え、それに耐えて今日を築いてまいりました。いまは耐えることの大切さを深く実感しておりますし、嘲笑や抵抗に耐えられる忍耐心が自分に備わっていたことを、本当に幸せに思っております。

　仏教に、

「忍の徳たること、持戒《じかい》苦行《くぎょう》も及ぶこと能《あた》わざるところなり」

　という教えがあります。持戒苦行というのは、例えば千日回峰行のようなお坊さんの命懸けの厳しい修行のことを言いますが、日々体験するいろんなことを我慢する、耐えるということは、そうした宗教的な苦行も及ばないくらいに尊い修行であるということです。

私は幸いにして、能なしであったがゆえに耐えることができたんですね。これまでいろんな辱《はずかし》めにあってきましたけれども、もし幾らかの才能があったらとても我慢できなかったでしょう。逆に、中途半端な才能なんか持っていなくてよかったと思うくらいです。

創業時には、商品を売りに行ってもまず相手にしてもらえることはありませんでした。名刺も受け取ってくれない。取ってくれたと思うと目の前で破り捨てられる。バケツの水をかけられる。自転車を蹴倒《けたお》され、積んでいた商品がそこら中に散乱してしまったこともあります。

それでも私は耐えました。だから今日こうして健全でおられるわけです。もしあの時に私が腹を立てて行く先々で喧嘩《けんか》をしていれば、きょう皆さんの前に立つことはできなかったでしょう。皆さんも「忍の徳たること、持戒苦行も及ぶこと能わざるところなり」という教えを、ぜひとも心に刻んでいただきたいと思います。

些細なことにも意義と価値を感じて取り組む

私は今朝も五時十五分から八時まで、三時間近く近所の公園の掃除と草刈りをしてまいりました。誰に頼まれたわけでもなく、自分の意思でやっていることです。いまの時期は暑さに加えて、蚊に食われて大変です。別にそれをしたからといって、私には何の得にもなりません。それでもなぜやるのかと申しますと、人間は自分の得にならないことをやらなければ成長できないからです。

残念ながらいまの時代は、自分の得になることなら一所懸命にやるけれども、自分の得にならないことはしないという人が多いですね。それではダメなんです。もちろん自分の得になることも大事ですけれども、それ以外に自分に何ら得にならないことにも励んでいただきたいのです。

宮城谷昌光さんの『晏子《あんし》』という小説に、中国春秋時代の政治家、晏子が、

「益はなくても意味はある」

と言う場面があります。無益なことは必ずしも無意味ではなく、意味があるというのです。晏子という人は、無益なことにも意味を見出して行動する、そういう生き方を生涯貫いたんですね。

私は晏子ほどの偉人ではありませんが、少しでもその姿勢に倣って、せめて自分にもできること、こんな年になってもまだできる掃除に、全国を回って取り組んでいるのです。

幸い、会社や自治体などたくさんのところで運動の輪が広がり、これまでトイレ掃除をしてきた学校の数も七百校を超えました。

ついこの間も愛知県の定時制の高等学校で終業後に掃除をしてまいりました。定時制ですから掃除ができるのは夜で、掃除を終えてホテルに帰ってきた時にはもう十時を過ぎていました。さすがに体にこたえますけれども、それによって生徒さんたちが必ずいいほうに導かれていくと信じて続けております。

私は草取りをする時、草の根元を持った瞬間に、どのくらいの力を入れ、どう引っ張ったらうまく根が抜けるかということを一回一回しっかり意識しながらやっています。これまで大勢の人の作業を見てきましたが、普通は草取りなど大して価値もないということで無造作にやる人が多いですね。けれども私は、どうすれば綺麗《きれい》に抜けるか、一回一回、一工程一工程に意義と価値を感じながらやっているのです。

ですから、私が草取りをした後はものすごく綺麗ですよ。野菜の束のようにきちんと揃《そろ》えて、根元を人が通るほうに向けて並べてある。皆さん自分が抜いた後と比べてびっくりされます。なぜそこまでやるのかと申しますと、私がただの草取りだと考えていい加減にやったら、本当に何の意義も価値もない仕事をしていることになってしまうからです。

　そういう私の目から見ますと、世の中には自分の仕事をただ漫然と、何の意義も価値も感じずにやっている人が何と多いことでしょうか。そうではなしに、他人から見たらどんな些細《ささい》な、取るに足らないことであっても、自分がやるからにはそこにしっかり意義と価値を感じ取ってやっていただきたいのです。

　そうしたからといって一日や二日、一年や二年では何も変わらないかもしれません。しかしこれが五年、十年、二十年、三十年と続くと、途轍《とてつ》もなく大きな差になってくるのです。このことは私のこれまでの人生を踏まえて、皆さんに自信を持って言えることです。

　その積み重ねは、ちょうど薄い紙を重ねていくようなものです。一枚が二枚、三枚になっても大したことはありませんが、一万枚積み重ねたら大変な厚みになります。それと同じなんです。

　どうか皆さん方も人生に対して遠き慮《おもんぱか》りを持っていただき、薄い紙を重ねるように、些細なことを疎《おろそ》かにしないで積み上げていっていただきたい。そう心から願っております。

日々積み重ねたとおりに人生は創られていく

　人生にも仕事にも問題はつきものです。会社も国も世界も、実にたくさんの問題が日々発生しております。

　そこで勘違いしやすいのが、あんな問題が起こったから自分はこうなってしまった、というふうに問題のせいにすることです。これは大きな見当違いで、問題が起きたことは問題ではないのです。それにどう対処するか、それによって皆さんの仕事も、人生も変わっていくのです。問題によって人生がダメになるということはありません。すべて対処の仕方です。

　もちろん、そこで失敗することもあるでしょうが、失敗することは問題ではありません。私など失敗だらけです。しかし失敗からすべて学んできました。ですから、失敗がすべて次の成功へのエネルギーになったのです。失敗を恐れて何もしないことのほうがよほどいけない。

　ミケランジェロは、

「最大の危機は、目標が高すぎて達成できないことではない。目標が低すぎて、その低い目標を達成してしまうことだ」

と述べています。

　まさにそのとおりでございまして、皆さん方にはぜひ、自分の手に余るくらいの大きな目標を設定して挑戦していただきたく思います。もちろん目標が大きければ大きいほど、大きな壁が立ちはだか

自分の能力を遥かに超えることを求められる環境に身を置いた時に、初めて人間は成長していく。

問題によって人生がダメになるということはありません。すべて対処の仕方です。

るものです。時には、とても自分には乗り越えられないと思うこともあるかもしれませんが、乗り越える必要はないんです。そういう時には、そこに穴を開けてくぐり抜けていけばいいのです。

イギリスの首相を務めたベンジャミン・ディズレーリは、

「いかなる教育も、逆境から学べるものには敵《かな》わない」

と言っています。では、逆境に遭うことがすべてかといえば、そうではありません。日頃から様々なことを通じて学んでいるからこそ、逆境から学べるのであって、何の備えもない人が逆境に遭うと、そこで潰《つぶ》れてしまいます。

やはり大事なことは、日々いろんな人や書物から学んで、それを自分の血肉にしていくことだと思います。私にはこれといった才能はありませんが、本は本当によく読んできました。最近は年を取って読書量は落ちましたけれども、それでも移動中など、少しの空き時間でも有効に使って本を読むようにしています。

鎌倉の円覚寺の初代管長をお務めになった今北洪川《いまきたこうせん》ご老師の『禅《ぜん》海一瀾《かいいちらん》』という本に、

「百萬経典《ひゃくまんきょうてん》　日下之燈《にっかのとう》」

という言葉があります。百万本のお経を読むほど膨大な知識を頭に詰め込んでも、実践しなければ、太陽の下のロウソクの灯と同じで全《まった》く役に立たないということです。

私はこの言葉にいたく感銘を受けまして、身につけた知識を少しでも実践に移すよう努めております。それは何も大それたことをする必要はありません。毎日身の回りの掃除をきちんとする。その日出会った方やご縁のある方に毎日欠かさずハガキを書く。そうした目の前の小さな実践をコツコツと積み重ねていくことです。

これは私がハガキを書く時に使ったボールペンの芯です（鞄《かばん》からたくさんの芯を出して見せる）。これまでたくさんのハガキを書いてまいりましたが、この九月中には七万四千枚になるでしょう。

こうした日常の本当に些細な、他人から見たらどうでもいいようなことであっても、それをコツコツと積み上げていく。これが皆様方の人生を変えていくのです。

一日一日をどういう心構えで過ごしたか、皆さん方の人生は、その積み重ねのとおりに創り上げられていくことを自覚する。そうした深い慮りを持って、ぜひとも素晴らしい人生を切り開いていただきたいと願っております。

経営者に求められる遠き慮り

質問　**本日は大変貴重なお話を賜り、ありがとうございます。鍵山先生は、売り上げの六割を占める大口顧客との取り引きをおやめになったそうですが、その決断に至った一番の要因は何でしょうか。また、取り引きを続けていた他の業者様はなぜ廃業に追い込まれていったのでしょうか。**

鍵山　取り引きをやめようと思ったのは、その会社に商品を納めている同業他社が次々と潰れていたからです。このまま取り引きを続

けても、社員は決して幸せにならないと感じましたし、関係を引きずっていたら、うちもやがて潰れてしまうと思い決断しました。

　私が取り引きをやめた当初、同業他社からは「鍵山さんも随分思い切ったことをしたけれども、これから大変だな」と冷笑されましたが、やがて「実は私もやめたいんだ」と相談を受けるようになりました。「そう思われるなら、おやめになればいいじゃないですか」と申し上げても、それで会社が潰れたら困ると言ってズルズル決断を先延ばしにしている。要するに、社員のことより社長である自分の都合のほうが先になっていて、結局消滅していったわけです。

　ですから経営者は、いまの都合ではなく、この仕事を続けていて将来自分の会社がよくなるのかということをしっかり見極めて、勇気を持って決断をすることが大事ですね。

　私が心配しておりますのは、いまの日本人の大半は、決して幸せではないのではないかということです。なぜなら、目の前のことが自分に都合よくなることを幸せだと思う風潮があるからです。

　けれども幸せというのは、本当は目の前の好都合とは全く関係ないものなんです。トルストイが、

「努力は幸せになるための手段ではない。努力そのものが幸せを与えてくれるのだ」

　と書いていますが、私もそう思います。

　ですから経営者は、いまのことだけを考えていてはダメなのです。十年、二十年と遠きを慮って、この仕事をこのまま続けるべきではないと思ったならば、どんな障害を乗り越えても方向転換をするべきだと思います。実際に私も扱う商品こそ変えていませんが、販売先は何度も大きく変えてきました。

質問　大口顧客との取引停止のお話についてもう少し伺いたいのですが、実は私もいま似たような境遇にあります。結構無理なことも要求されていて、このままお付き合いを続けても未来はないと思うのですが、鍵山先生は取り引きをやめるタイミングをどのようにお決めになったのでしょうか。

鍵山　私はいつにしようかと逡巡《しゅんじゅん》はしませんでした。即座にやめました。私は、理不尽な相手に対しては厳しいんですよ。たとえお客様だからといって何でも言いなりになることはありません。

　別の小さな例をご紹介しますと、ある朝、当社のお店に立ち寄った時に入ってきた車が、まだ駐車場が空いているからといって、ちゃんと線の中に停めずに、斜めに三台分の駐車スペースを塞いで停めてしまったことがありました。私がちゃんと線の中に停めてほしいと、いくらお願いしても聞き入れてくださらないので、最後はお引き取りを願いました。「こんな店、二度と来るか！」と捨て台詞《ぜりふ》を吐いて去っていきましたが、私はそういう人の迷惑も顧みないような自分勝手や理不尽な振る舞いに対しては厳しいんです。

　だからといって、立場の弱い人に無理を押しつけるようなことは決してしません。ついこの間も、創業時に私のところに商品を納めていた方が訪ねてこられて、「あの時はたくさん注文をもらって、帰り道には脚が宙に浮いたようでした」と楽しそうに思い出話をしていかれました。私はそういう立場の弱い人には、でき得る限り温かく接して差し上げてまいりました。それが私の基本的な姿勢です。

　いまご質問をいただいたのは、お取引先の問題についてですが、

その会社との仕事に喜びがないのであれば、取り引きをやめる方法を真剣に考えることです。私のようにすぐにやめなくても結構ですから、まずは一刻も早く他でカバーする算段を立てることです。ただやめたいなぁくらいの中途半端な気持ちでは、いつまでもやめることはできませんよ。

よい心の連鎖を起こす

質問　鍵山先生が人と付き合う上で大事にされていることはございますか。

鍵山　私は、極力人様に不快感を与えないようにいつも気をつけています。

　例えば、私は出張が多いものですから飛行場や駅によく行きます。そうすると、鞄をぶつけられたり、後ろから靴のかかとを踏まれたりして不愉快になることがよくあるんですね。私はそのように、自分がされて嫌なことは人にしたくありませんし、そういうことをする人がいなくなるような世の中にしていきたいと願っています。

　吉野弘という詩人の作品に、自分の持ち物を自分の体の一部だと思わない人が嫌いだと書かれています。持っている鞄を自分の体の一部だと思っていないから、平気で人にぶつけて歩くわけで、吉野さんはそういう人が嫌いだというのです。私もそういうことは嫌いです。人に不快な思いをさせる人が出ない世の中にしたい。それが私の心の底からの願いなんです。

　いつも掃除をしに行く公園の入り口付近に、自動販売機があります。その側にある空き缶入れの蓋《ふた》を開けると、缶以外のゴミがたくさん入っているので、私はいつもそれらを全部取り出すんです。缶以外のゴミが入っていると、回収しに来る人が嫌な気分になりますし、その後の車の運転も荒くなって事故を起こすかもしれません。心の荒みがどんどん連鎖していくわけで、これはとても恐ろしいことです。けれども空き缶だけにしておくと、回収に来た人も気分よく作業ができますし、その後も心穏やかに人に接することができると思うのです。

　また、私はタクシーに乗ると少しだけ多めに料金を払います。別にお礼を言ってもらいたくてやるのではなく、後に乗る人が気分よく乗れるようにそうしているんです。私が少し多めに払うと運転手さんも気分がよくなって、次のお客さんへの接客も幾分よくなるかもしれません。荒みと反対の、よい心の連鎖が起こるのです。

質問　鍵山先生が掃除の運動を始めた原点は何でしょうか。

鍵山　私の両親が徹底して掃除をする人でした。疎開した時に私たちが住んでいたのは、牛小屋のような粗末な所でしたが、両親はそんなところでも徹底して綺麗にしていましたから、貧しくても惨めではありませんでした。もし、こんな牛小屋みたいな所だからといって汚くしていたら、貧しい上に惨めになっていたと思うのですが、両親のおかげでそういう思いをせずに済みました。ですから、どんな環境であっても綺麗にするというのが、何をもってしてもよくなる元ですね。

　お釈迦様が説かれた「掃除の五徳」というのがあります。第一番は、掃除をしている人の身も心も清められる。二番目は掃除をしている人の姿を見ている人の身も心も清められる。三番目は端正の業を終える、つまりすべてのものが整ってくる。四番目は、すべてのものが喜んでいく。

　確かにきょうも汗びっしょりになって公園で掃除をしていましたら、公園に来る人が口々に、「いつもありがとうございます」とお礼を言っていかれました。掃除をすることですべてを喜ばせることができるんです。

　そして五番目は、これはまだ経験していませんから分かりません

最大の危機は、目標が高すぎて達成できないことではない。目標が低すぎて、その低い目標を達成してしまうことだ

が、天上、つまり天国で幸せになれると言います。

　こういうことをお釈迦様が二千五百年も前におっしゃっているんです。ですから私もそれを信じてやっております。

毎日紙一枚分でも成長していく

質問　鍵山先生はいつもニコニコと温かな笑顔でいらっしゃって、本当に人格の高い方だなと感銘を受けております。私も先生に倣って笑顔を大切にしているつもりですけれども、嫌なことがあったりすると、どうしても暗い顔になってしまいます。辛い時、苦しい時にも笑顔を保つための心構えを教えてください。

鍵山　私もこれまでたくさんの困難に遭ってきました。けれども、うちの社員たちは、そのことに全然気づかなかったと言います。私が困難に遭って暗い顔をしていたら、皆が心配しますね。ですから私は、心配事は人に伝えないようにしてきたんです。

　社員が交通事故を起こした相手が、ヤクザだったことがあります。そういう時、私は一人で相手の所に行くんです。どうして誰にも言わないんですかと聞かれますが、言ったって心配する人が一人増えるだけです。心配するのは私一人でいいわけで、心配事は人に伝えないということを私は徹底してまいりました。

質問　鍵山先生は以前、「私の笑顔は外向きで、私は本来、笑顔で接することが苦手でした」とお書きになっていたのを拝見しました。努力をしてそういう性格を直してこられたそうですが、どのようなお考えをもとにそうした決意をなさったのでしょうか。

鍵山　世の中には、私はこういう性格だからしようがないと言う人がよくいますね。例えば、ぶっきらぼうで損をしているけれども、自分はこういう性格だから直せないと。しかし、損をしているのは自分でしょうか。本当に損をしているのは周りですよ。その人に会う度に不愉快な思いをしなければなりませんからね。自分が損をしているというのは勘違いで、本当は我が儘《まま》なだけです。そんな我が儘を通していい人生を築くことはできません。

　私は本日こうして皆さんの前で図々しくもお話をさせていただいておりますけれども、もともとは人前で話をすることが苦手なんです。喋《しゃべ》らなくていいなら、一日中でも黙っているほうが楽なんですね。でもそれを押し通すのは我が儘なんです。自分の性格はそうであっても、その性格を克服して変えていくことが大切です。

　冒頭にも申し上げたとおり、私はもうじき八十二歳になります。しかしこんな年になっても、八十二のきょうの自分が最低と考えて、そこから毎日紙一枚分でも成長していきたい。きょうよりも明日、明後日と努力を積み重ねていきたいと考えています。人生においては努力を怠ることなく、最後まで成長し続けることが何よりも尊いことだと私は信じています。

平澤興

京都大学元総長

脳神経解剖学の世界的権威であり、第十六代京都大学総長を務めた平澤興《ひらさわこう》氏。
人間一人ひとりに秘められた大いなる力と、その可能性を生涯にわたり
探究し続けた哲人の言葉は、今日を生きる私たちに勇気と希望を与えてくれる。

明治33年新潟県生まれ。京都帝国大学医学部を経て、大正13年京都帝国大学医学部解剖学教室助手。翌年同学部助教授。15年新潟医科大学助教授。昭和3年からスイス・ドイツ等に留学後、5年同大学教授。翌年、日本人腕神経叢の研究により医学博士号を取得。21年京都帝国大学教授。32年から京都大学総長を2期6年間務める。38年同大学名誉教授。その後、京都市民病院院長、京都芸術短期大学学長などを歴任。45年勲一等瑞宝章受章。平成元年、心不全のため逝去。『生きよう今日も喜んで』『平澤興講話選集「生きる力」（全5巻）』『平澤興一日一言』（いずれも致知出版社）など著書多数。

【永遠の一日】

今日一日は永久に戻らぬ一日である。
素晴らしい未来のために悔いを残さぬよう、
今日も一日しっかりやりやりたいものである。

【人間の味つけ】

年をとるほどに、私はいよいよ自らの人間の乏《とぼ》しさを感じるが、
しかし、命のある限りは、やはり祈りをこめて
なんとか自らの人間の味つけに燃え続けたいと思うのである。
それは人間が人間を生きるということの中で、
最も大切で、最も意義深いことではなかろうか。
与えられた尊い命を生ききって、
感謝の中で限りなく伸びたいものである。

【新年】

生きるとは　燃ゆることなり
いざやいざ　進まん
この道
我が燃ゆる道

『平澤興一日一言』より

【偉大な愛情と努力】

大きな仕事をなし遂げるのに
最も必要なのは必ずしも才ではなく、
むしろ多くの場合物に対する
愛情と努力とであります。
偉大な仕事には必ず偉大な
愛情と努力とがあります。

【不幸になる考え方】

普通は不幸が人間を苦しめるというが、よく考えて見ると、
人間を苦しめるのは不幸そのものではなく、
不幸だと思うその考え方自体である。

【この身このまま】

けさもまた
さめて目も見え
手も動く
ああ極楽《ごくらく》よ
この身このまま

【存在感のある人】

君がおらぬと、
周囲が困るような人になりなさい。

【若き学人へ】

若さを浪費するな。
勉強を節約するな。

【夢と希望のある人生】

夢を持て。
希望を持て。
夢を持たぬ人生は、動物的には生きていても
人間的には死んでいる人生。

【最高の生き方】

今が楽しい。今がありがたい。今が喜びである。
それが習慣となり、天性となるような生き方こそ最高です。

【自己との対決】

どうも人生などというのは難しいですけれども、
一言で言えば人生とは自己との対決だと、自分との勝負だと、
私はそう思います。
これは表面的な成長とかそういうことではなくて、
本当にひとりの人間としては自分と競争をして、
自分との勝負に勝てる人、これがやっぱり人間として
立派な人間、人間として一番立派な生き方ではないかと
考えたりしております。

人生を成功に

謙虚で思いやり溢れる人柄に感動した

山中　兒玉会長、ご無沙汰しております。暑さ厳しい中、わざわざ東京から研究所までご足労いただきまして、ありがとうございます。きょうの日をとても楽しみにしておりました。

兒玉　私も大変尊敬している山中先生と、長年愛読させていただい

京都大学iPS細胞研究所所長

山中 伸弥

やまなか・しんや――昭和37年大阪府生まれ。62年神戸大学医学部卒業後、整形外科医を経て、研究の道に進む。平成5年大阪市立大学大学院医学研究科修了。アメリカ留学後、大阪市立大学医学部助手、奈良先端科学技術大学院大学遺伝子教育研究センター助教授及び教授、京都大学再生医科学研究所教授などを歴任し、22年より現職。アルバート・ラスカー基礎医学研究賞、ウルフ賞、ノーベル生理学・医学賞受賞。

導くもの

二〇一二年にノーベル生理学・医学賞を受賞した山中伸弥氏。再生医療を可能にするiPS細胞を世界で初めて発見し、その実用化は目前にまで迫っている。
一方、ウィッグメーカー・スヴェンソンの経営トップとして、顧客リピート率九五・七%という驚異の満足度を成し遂げた兒玉圭司氏。かつて日本卓球界の全盛期を牽引し、代表監督として計十七個の金メダルをもたらした異色の経歴の持ち主だ。
ともにそれぞれの道を極めてこられたお二人が語り合う「人生の要訣」とは——。

ている『致知』で、こうして対談できることを幸せに思います。

それにしても初めてお目にかかった時の感動はいまも忘れられません。二〇一四年七月十日、大阪にある北野病院主催の「KITANO　FORUM」というシンポジウムで山中先生が講演をなさった。北野病院病院長の藤井信

兒玉 圭司

スヴェンソン会長

こだま・けいじ——昭和10年東京生まれ。31年第23回世界卓球選手権大会に出場し、シングルスベスト16。33年明治大学卒業後、兄と共にエレベーターメーカーのダイコーを創業。その傍ら、世界卓球選手権大会などで日本代表選手団監督を務め、累計で金17個、銀13個、銅24個のメダルをもたらす。60年スヴェンソンを設立し、同社社長に就任。平成27年より現職。著書に『強い自分をつくる法』（東洋経済新報社）がある。

何か悪いことが起こった時は「身から出たサビ」、つまり自分のせいだと考え、反対にいいことが起こった時は「おかげさま」と思う。この二つを私自身のモットーにしてきました。

山中

吾先生は国際婦人科癌《がん》学会の会長でもありまして。我が社はハートプロジェクトという事業を通じて、女性のがん患者さんが治療を続けながら心豊かな毎日を送れるよう、ニット帽や化粧品などの商品を開発し、その売り上げの一部を国際婦人科癌学会に寄付させていただいています。そういう関係で親交があり、ありがたいことに東京からは私たち夫婦だけをシンポジウムにお呼びいただいたんです。

　家内と一緒に山中先生のお話を聴かせていただいて、もう何と言っても「ＶＷ」の話にいたく感銘を受けました。物事を究めるには医科学の世界も我われスポーツの世界も同じなんだなと。その後、私はぜひ一対一でお会いしたいと思いまして、居ても立っても居られなくなった（笑）。それであらゆるコネを駆使したんですが、全部ダメで……。

　相手は世界のノーベル賞受賞者ですから無理もないと思いつつ、ただ、私は諦《あきら》めない質《たち》なものですから、ｉＰＳ細胞研究所に直接お電話をさせていただいたところ、とんとん拍子で事は運んで、面会の機会を得ることができました。

山中　実は私の友人の奥さんが進行がんを患っていましてね。抗がん剤治療で髪の毛が抜けてしまうことにものすごく悩んでおられた。その時、偶然、スヴェンソンのウィッグと出逢い、そこからガラッと明るく前向きな気持ちに変わられたんです。そういうことでスヴェンソンの取り組みは存じ上げていましたので、その会社のトップの方に私もぜひお目にかかりたいと思いました。

兒玉　あの時は、当初の面会予定時間を超過して、大いに盛り上がりましたね。

山中　そうですね。驚いたのは、兒玉会長がお若い頃、卓球の日本代表の選手をされていて、その後日本代表の監督としても素晴らしい実績を上げられていたと。私もスポーツは大好きですので、とても興味深くお話を聴かせていただきました。

兒玉　きょうはシンポジウムで初めてお会いした時に家内と三人で撮った写真を持ってきたんです。私はこの時の山中先生のお姿に、もう本当に感動しました。

　私の家内はパーキンソン病を患っていて車椅子《いす》生活なのですが、山中先生は見ず知らずの私どもが写真撮影をお願いしたら、快く応じてくださったばかりか、ご覧のように膝《ひざ》を折られて、目線を合わせていただいたんですね。この何気ない仕草に、山中先生のお人柄が実によく表れていると思います。

　ノーベル賞を受賞され、誰もが憧《あこが》れるような成功を手にされた方なのに、ものすごく謙虚で思いやりに溢れている。名声を得たり有名になったりすると、つい鼻が高くなって人を見下したりする人も多い中で、態度が全《まった》く変わらないことに大変感銘しました。

山中　いやいや、恐縮です。ｉＰＳ細胞という技術の実用化はまだ道半ばで、まさにいま成功を目指して努力している最中だと考えています。

iPS細胞の実用化は ここからが本当の勝負

兒玉　一方、ノーベル賞を受賞されていろいろな変化もあったかと思いますけど、いかがですか？

山中　ノーベル賞というのはもちろん非常に大きな出来事だったのですが、科学者としての私の人生において一番変化したのは、いまから十年前なんですね。

　二〇〇六年にマウスから、その翌年には人間の皮膚細胞から、それぞれ世界で初めてiPS細胞の作製に成功しました。それ以前は一研究者だったのが、iPS細胞によってメディアの方から取材を受けたり、いまや四百人以上が所属する研究所という組織を経営したり、難病の患者さんやそのご家族にお会いするようになりました。そこが一番の転機です。

兒玉氏ご夫妻と山中氏が初めて会った時の一枚

兒玉　私も監督時代、金メダルを取って帰国したら、メディアや周りの方々の対応がまるで変わって驚きました。

山中　以前は近くの三条や祇園辺りをふらふら歩いていましたが、ノーベル賞を受賞した後はそれができなくなりました（笑）。

　それは冗談ですが、ノーベル賞を受賞したことによって、難病の方だけではなく、世界中の一般の方に知っていただけたことは大きかったですね。以前からもちろんiPS細胞という技術を医療に応用したいと思ってやっていたんですが、やはりノーベル賞をいただいたことによって、その責任やプレッシャーの重みというものをすごく感じるようになりました。

　でも、その分、応援してくださる方も増えましたので、何事もそうですが、いい面と大変な面と両方があって、平均したら同じかなと思っています。

兒玉　皆さん関心を持たれていると思いますけど、iPS細胞の実用化の動きは、どのくらい進展しているのですか。

山中　二〇一三年より理化学研究所の高橋政代先生らを中心として、失明に繋《つな》がる難病である加齢黄斑《おうはん》変性の患者さんを対象にした臨床研究が実施されています。一例目は、患者さん由来の自家iPS細胞をもとに網膜色素上皮シートを作製し、移植手術を行いました。これはiPS細胞から作製した組織を用いた手術として、世界初の快挙でした。

　そして、いま新たに計画している臨床研究は、他人の細胞で作製したiPS細胞から網膜色素上皮細胞を作製して移植する、というものです。

兒玉　では、順調に進んでいらっしゃると。

山中　はい。ただ、実用化に向けてはアメリカとの熾烈《しれつ》な競争が続いていまして、まさにいまが胸突き八丁ですね。手の届くところまで来ているけれども、いまが一番しんどい。ですから、決してここで停滞してはいけないし、ここからが本当の勝負だと思っています。

　この勝負は長期戦ですが、いま研究所の教職員のうち九割が数年単位の非正規雇用であり、大問題だと考えています。これは研究所の財源のほとんどが期限つきであるからなのですが、それを補う財源として「ｉＰＳ細胞研究基金」を設置しました。私もマラソンを走ったりしてＰＲし、広く一般の皆様からのご寄付を募っています。

人の役に立ちたいという思い

兒玉　きょうは山中先生がなぜ研究者になられたのか、その原点をぜひともお聴きしたいと思っていますが、幼少期はどんな家庭環境で育ちましたか。

山中　私の父親は東大阪で小さな町工場を経営していました。従業員は多い時で二十名くらいだったと思います。もう本当に零細企業でしたから、父親は経営者でありながら、技術者として自らものづくりを手掛けていました。工場のすぐ横に自宅があって、家にいる時でも設計図を描いたり、とにかくずっと働いていたんですね。

　そういう父親の働いている姿を見ながら育ちましたので、どうも私にも技術者としての血が流れているように思います。もちろん外でセミを捕まえたりもしていましたが、それよりも時計やラジオをいじったりするほうが好きでした。

　あと、父親は技術者として人の役に立ちたいという思いを強く抱いていました。私自身もその影響を受けているのでしょう。研究で真理を追究し、人の役に立ちたいという思いは常にあります。

兒玉　お父様の仕事に打ち込む姿勢から、ご自身の生き方を無言のうちに学ばれたのですね。

　確か柔道を始められたのもお父様からの勧めがあったとか？

山中　そうです。私は子供の頃から病弱で、中学に上がった時も、ガリガリの体型でした。そんなんじゃダメだと父親に言われまして、柔道部に入ったんです。高校を卒業するまでの六年間、一所懸命に取り組みました。

兒玉　柔道をとおして学ばれたことは何かありますか。

山中　柔道だけに限りませんけれども、普段の練習は実に単調なんですね。毎日二、三時間ほど練習しましたが、とにかく苦しいし、楽しくない。その上、柔道は試合が少ないんです。野球やサッカーはしょっちゅう試合があるから、モチベーションを保ちやすいと思うんですけど、柔道の場合、三百六十五日のうち三百六十日は練習で、残りの五日が試合。

兒玉　もう練習漬けだと。

山中　試合に勝ち進めばまだいいですけど、負けたらまた半年間はひたすら練習をする。その単調さに負けない精神力、忍耐力はものすごく身につきました。

　これはいまの仕事にも生かされています。研究こそまさに単調な毎日で、歓喜の上がる成果は一年に一回どころか、数年に一回しかありません。だから、柔道というスポーツを経験したことは非常によかったと思っています。

兒玉　最も多感な時期に、柔道をとおして精神形成できたことが、今日の研究成果にも繋がっているのでしょうね。

「おかげさま」と「身から出たサビ」

山中　もう一つ、私にとって大きかったのは母親の教えです。

　高校二年生の時に二段になったのですが、その頃は怪我が多くて、しょっちゅう捻挫《ねんざ》や骨折をしていました。ある時、教育実習に来られた柔道三段の大学生の方に稽古《けいこ》

1995年グラッドストーン研究所にてイネラリティ博士と

©Gladstone Institutes

をつけてもらったことがありましてね。投げられた時に、私は負けるのが悔しくて受け身をせずに手をついたんです。で、腕をボキッと折ってしまった。

その先生は実習に来たその日に生徒を骨折させたということで、とても慌てられたと思うんです。私が病院で治療を終えて帰宅すると、早速その先生から電話がかかってきて、母親が出ました。その時、「申し訳ないです」と謝る先生に対して、母親は何と言ったか。「いや、悪いのはうちの息子です。息子がちゃんと受け身をしなかったから骨折したに違いないので、気にしないでください」と。

当時は反抗期で、よく母親と喧《けん》嘩《か》していたんですけど、その言葉を聞いて、我が親ながら立派だなと尊敬し直しました（笑）。

兒玉　素晴らしいお母様ですね。いまはそんなことがあると、先生に文句を言いに行く親が多いですけれども（笑）。

山中　それ以来、何か悪いことが起こった時は「身から出たサビ」、つまり自分のせいだと考え、反対にいいことが起こった時は「おかげさま」と思う。この二つを私自身のモットーにしてきました。

うまくいくと自分が努力をしたからだとつい思ってしまうものですが、その割合って実は少ない。周りの人の支えや助けがあって初めて、物事はうまくいくんですね。

自ら発心してやる努力は驚くような結果を生む

山中　兒玉会長はどういうきっかけで卓球を始められたのですか。

兒玉　私が卓球と出逢ったのは、中学三年の春休みです。小さい頃から運動が得意で、中学に入ると仲間と一緒に地域のスポーツ大会にしょっちゅう参加していました。

ある日、水泳大会が終わって校舎に帰ってくると、講堂で高等女学校の生徒たちが卓球をやっていましてね。一糸乱れぬラリーを見ていたく感動したんです。

当時は戦後間もない頃で、東京にもまだ娯楽施設はほとんどありませんでしたが、卓球場は至る所にあり、たくさんの人が卓球に興じていました。試合に勝った人はずっとプレーし続けることができるんですが、一回負けると一時間くらい待たなきゃいけない。

どこの卓球場にも主《ぬし》みたいな強い人がいて、当然ながら最初は全く歯が立ちません。もう負けて、負けて、負け続けて、この人に勝つにはどうしたらいいかって一所懸命研究しましてね。朝九時から夜九時まで、毎日卓球場に通い詰めました。

山中　とことん卓球に没頭された。

兒玉　そうしたら春休みが終わる頃には、ある程度勝てるようになったんです。高校では卓球部に入りましたが、部内にあまり強い選手がいなかったので、強豪校へ出稽古に行ったりもしました。

それで高校二年の時に全日本ジュニアの東京都代表、三年生の時に国体の東京都代表に選出され、大学三年で日本代表として世界選手権に出場し、シングルスでベスト16まで勝ち進んだんですね。

一つひとつ目の前の課題をやり切る。それを習慣にすることで、世界で闘える技術力と精神力が鍛えられていくんです。　兒玉

仮説が正しくなかった時に、どんな反応をするかによって研究者の力量が試される。　山中

卓球を始めて五年半という短い期間で日の丸をつけることになったんですが、密度は普通の人の倍くらいはあったと思います。

山中　いやぁ、二倍どころか三倍くらいあったんじゃないですか。

兒玉　朝は四時に起きて、四〜五キロのランニングをしていました。これは誰に言われたわけでもありません。卓球は足腰を鍛えることが大事だということで、自ら発心し、寝る間も惜しんで努力したんです。それがまずまずの結果を生んだのだと思います。とにかく卓球が好きで好きで仕方ありませんでした。

卓球で摑んだ信条が企業経営の根幹

山中　そういう姿勢が世界選手権ベスト16という結果をもたらし、さらには日本代表監督の抜擢《ばってき》へと繋がっていくわけですね。

兒玉　はい。現役時代に世界選手権で十二個の金メダルを獲得し、ミスター卓球と呼ばれた荻村伊智朗さんとともに、日本代表の男女の監督をやってほしいと、日本卓球協会から打診があったんです。荻村さん三十一歳、私二十九歳の時でした。

私は大学卒業後、すぐに母校である明治大学卓球部で助監督を務め、三年後に監督に就任する一方、卒業の翌年に兄と二人でエレベーターメーカーを起業したんです。まだよちよち歩きの会社でしたので、打診を断るつもりでした。

ところが、早起きが大の苦手だった荻村さんが、朝六時に私の自宅に来ましてね。「将来の日本卓球界のために何とか二人で頑張ろうじゃないか」って、すごい熱意で勧誘されたんです。

また、大学時代の恩師から「人から何かを依頼されるのは非常に名誉なことだ。そういう仕事は自分がやりたいと思ってできるものじゃない。だから、多少無理をしてでも腹を括《くく》ってやるべきだ」と言われました。

これらの言葉に心を打たれ、引き受けることに決めたんです。

山中　日本代表監督として、最も学ばれたことは何ですか。

兒玉　努力は才能に勝る、思いは叶《かな》う、絶対に諦めない執念、大きくはこの三つですね。

私たちは頂点に立つため、世界の卓球史に残るくらい厳しい練習をやろうと決めました。四十センチの雪が積もる真冬の日、暖房のない小学校の体育館で、朝九時から訓練をやりました。ラリー二千本ノーミスとか、一分間七十本のフットワークとか、二十キロマラソンの後、五時間の技術練習とか。一つの課題をクリアしないと次の課題には移らない。

ある時、ツッツキ打ち千本ノーミス（九百九十九本でミスしたら最初からやり直す）という課題を朝九時に始めて、他の選手は夕方五時頃までに終わったんですけど、一人の男子選手が夜の九時を過ぎても終わらない。

それでも決して妥協せず何度も挑戦し続け、結局夜中の二時にクリアしました。

やっぱり一つひとつ目の前の課

題をやり切る。それを習慣にすることで、世界で闘える技術力と精神力が鍛えられていくんです。

山中 そういう凄《すさ》まじい努力があって初めて、世界で通用するのでしょうね。

兒玉 事業経営の傍ら、十数年間日本代表の監督を務めたわけですけど、卓球での体験をとおして摑んだ信条こそが、私の企業経営の根幹を成しています。

スヴェンソン創業間もない頃、ドイツ視察にて

予想外の出来事を楽しめるか否か

兒玉 山中先生は、最初は整形外科医でいらしたそうですね。

山中 先ほどお話ししたように怪我が多く、整形外科医に年中お世話になっていましたから、自然とその道を志すようになったんです。神戸大学の医学部を卒業した後、二十四歳で国立大阪病院（現・国立病院機構医療センター）の臨床研修医になりました。

ところが、私はどうも不器用で、普通の人が十五分で終える手術を一時間経ってもまだやっている。周りから邪魔者扱いされ、「ジャマナカ」と呼ばれていたんです（笑）。多くの患者さんを助けたいという思いとは裏腹に、全く役に立っていない。むしろ迷惑をかけている。ああ、自分は外科医に向いていないと。これは私にとって最初の大きな挫折でした。

兒玉 それで研究の道に進まれたわけですか。

山中 学生時代から研究には興味がありましたし、加えて、私の父親がC型肝炎で亡くなったことも影響しています。父親は仕事中に怪我をして、輸血したんですが、それでC型肝炎に罹《かか》ってしまったんです。私は医者なのに何も助けてあげられなかった。いまの医学では治せない患者さんを将来治せるようにしたい。そう思って大阪市立大学大学院に入学し、研究を始めました。

そこで三浦克之先生という素晴らしい先生と出逢いましてね。私は最初、三浦先生のもとで血圧を下げる物質について研究していたんです。そもそも研究とは、先生が「こうかもしれない」という仮説を立て、それを学生たちが実験をして確かめる、その繰り返しなんですね。

私は入学から三か月ほど経った時に、初めて実験をさせてもらえました。喜び勇《いさ》んで一所懸命測定をしたんですが、出てきた結果は全く予想外なものだったんです。

兒玉 仮説と反する結果が出たと。

山中 私はその結果に、ものすごく興奮しました。すると、三浦先生も「これはすごいな。驚いた！」と嬉々としておられたんです。普通なら自分の仮説が外れてがっかりするところだと思うんですけど、先生はそうじゃない。その姿勢に大変感銘を受けました。

と同時に、研究というのは予想できない驚きに満ちている、びっくりの連続だと学びました。仮説が正しい場合には誰もが当然喜ぶわけですけど、仮説が正しくなかった時に、どんな反応をするかによって研究者の力量が試される。そこで予想外の出来事を楽しめるような余裕のある人が研究者に向いていると思います。

兒玉　予想外のことが起こった時に、その状況に振り回されたらダメなんですよね。卓球でも平常心がとても大事です。世界で闘うとなれば、徹底的に相手の分析をして試合に臨むわけですが、実際に試合をしてみると、思いがけない技を繰り出されたり、不意打ちを食らうようなこともある。

　そういう時にも慌てず動じない心、不動心ですね。それと、どうやって対応するかを咄嗟《とっさ》に考える、これを私は知的作業力と言っていますが、そういう力を養わなきゃいけない。で、判断した上で自分の技術に合わせて決断し、そして実行する。平常心・対応力・判断力・決断力・実行力のほんのちょっとした差が、金メダルと銀メダルを分けるんですね。

導かれるようにして辿り着いたiPS細胞

兒玉　大学院に入り研究者として目覚められたわけですが、そこからiPS細胞発見に至るまでの過程をぜひお聴かせいただけますか。

山中　研究という素晴らしい世界にのめり込んでいきまして、大学院を卒業するとアメリカのグラッドストーン研究所に留学しました。一九九三年、三十歳の時です。

　その頃はiPS細胞の研究をするなんて夢にも思っていなくて、アメリカでは最初、動脈硬化について研究していました。ところが、ある仮説が外れて予想外の結果が出てきた。動脈硬化に重要だと思っていた遺伝子が、実はがん細胞をつくっていたことに気づいたんです。その結果に私はすごく興味を持ちまして、何でこんな予想外のことが起こるんだろうと。原因を調べたくなって、がんの研究を始めたんです。

　さらにその後、また仮説が外れて、がんに重要だと思っていた遺伝子が、実は組織や臓器に分化する元となるES細胞(胚性幹細胞)と密接な関わりのあるものだと分かりました。で、理想的な幹細胞をつくりたいということで、辿《たど》り着いたのがiPS細胞だったんですね。

　ですから、予想外の出来事が起こるたびに研究の方向性がガラッと変わり、そういうことを二、三回繰り返しているうちに、いまの研究に繋がった。偶然かつ予想外の実験結果に導かれたといえると思います。

兒玉　まさに見えない力によって導かれたのでしょうね。

山中　アメリカで三年過ごした後、それなりの研究成果を上げて帰国しました。大阪市立大学の助手となり、日本で研究の続きをしようと意気込んでいたのですが、なかなか思いどおりにはいきません。私はここで二度目の挫折を味わうことになりました。

　端的に言えば、アメリカと日本の研究環境の違いです。アメリカでは研究者一人に対してサポートが五人くらいつくのに対し、日本ではサポートはゼロ。実験に使う数百匹ものマウスに餌《えさ》をやり、糞《ふん》の掃除をする。それだけで一日の大半が終わってしまうんです。

　自分は一体何をやっているんだろう。マウスの世話をするために日本に帰ってきたんじゃない……。外科医に戻ろうかと本気で考えたりもしました。「PAD(ポスト・アメリカ・ディプレッション)」、つまり「アメリカ後鬱《うつ》病」と勝手に名づけたんですが(笑)、当時は随分気力を失っていました。

兒玉　何が転機となりましたか。

山中　一九九九年、三十七歳の時、縁あって奈良先端科学技術大学院大学の助教授になったことですね。

　そこではどんな研究をしたかというと、皮膚などに一度分化した細胞を再び受精卵に近い万能細胞(どんな器官にもなり得る分化多能性を持った細胞)に戻す、いわゆる細胞の初期化に挑戦しようと考えました。それにはまず、細胞

仕事でも人間関係でも、自分よりレベルの高い人に会う。そのために勉強して、努力していく。　兒玉

の初期化に関わる遺伝子を見つけなければなりません。

対象となる遺伝子の数は三万個。その中から幹細胞に変えることができるものを手当たり次第に調べていき、何とか二十四個に候補を絞り込むことができました。どの遺伝子も単独で初期化できないことは分かっていましたけど、二十四個の遺伝子の中からどうやって絞り込むか、その組み合わせは無数にありますし、そもそも初期化に関わる遺伝子が何個あるのかも分からない。

兒玉　気が遠くなるような実験ですね。

山中　非常に難しい課題だったんですが、その時、高橋和利君という大学を卒業したばかりの若い研究員が、「一個ずつ遺伝子を抜いてやりましょう」とアイデアを出してくれたんです。もし抜いた一個が大切な遺伝子だったら、他の二十三個があっても初期化できないはずだと。それで実際にやってみたら、僅《わず》か数か月で四個の遺伝子に絞り込むことができたんです。

兒玉　実に見事な発想ですね。

山中　皮膚細胞に四個の遺伝子を送り込むと、本当に不思議なんですが、ES細胞にそっくりな細胞ができる。これを、iPS細胞と名づけまして、先述のとおり二〇〇六年にネズミで、二〇〇七年には人間でも成功したわけです。

五十歳で全く未知の新しい事業にチャレンジ

兒玉　まさに山中先生の熱意と執念がiPS細胞発見に至らしめたということですね。

山中　きょうはせっかくの機会ですので、兒玉会長のお話もぜひ聴かせていただきたいと思いますが、お兄様とエレベーターメーカーを経営していた兒玉会長が、全く異業種であるスヴェンソンの事業をやられたのは、どうしてだったのですか。

兒玉　スヴェンソンの経営に携わる少し前、兄とやっていた会社は売上高が百億円近くまで伸びていましてね。私は副社長でしたが、そろそろ独立して、自分の思ったとおりの考え方で企業経営をしたいと思っていました。

その頃はちょうど工業化社会から情報化社会に移行する時期で、コンピュータ関係の仕事をやろうと思っていたところだったんです。だから、最初はもう全然やる気なかったんですよ（笑）。

山中　ああ、そうだったんですか。

兒玉　スヴェンソンはドイツに本社がありまして、一九八四年の二月にスヴェンソン・インターナショナルのメリンガー社長が日本法人を設立しました。半年くらいやっていたけど、なかなかうまくいかない。それで日本人のパートナーを探していたんですね。卓球の関係で長い付き合いがあり、当時在日ドイツ商工会議所副会頭を務めていたドクター・ファウベルがメリンガー社長を紹介してくれたんです。八四年の秋でした。

スヴェンソンの編み込み式増毛法は蒸《む》れない、ずれない、外れない、自分で洗える、一日二十四時間つけっぱなしで、一か月に一度お店

大事なのはしっかりとしたビジョンを持つこと。そして、ビジョンを周囲に公言することが大切だと思うんです。

山中

に来て手入れをすればよいと。もう、ものすごく熱心に語るわけです。

私はあまりにもうまい話なので、眉唾物《まゆつばもの》じゃないかと思っていたんですが（笑）、メリンガー社長の熱心さに絆《ほだ》されて、ひとまずリサーチをしようと。専門家に依頼して半年間、市場調査をしてもらったんです。そうしたら、これからものすごく成長するマーケットであること、競合他社のお客様は現状のサービスに満足していないことが分かりました。

それでびっくりして、すぐドイツへ飛んだんです。製造工場やメンテナンスの現場を見て、実際に愛用しているお客様のお話を伺い、これは本物だと思いました。そして、日本で悩んでいる方々にこの本物の技術とノウハウをご提供しなければならないという使命感が沸々と湧いてきたんです。

その場で決心し、帰国後すぐに契約して、八五年の九月にスヴェンソン・ジャパンを全額百%買い取り、事業をスタートしたんです。ちょうど五十歳の時でした。

お客様への感動をいかにして生み出すか

山中　スヴェンソンはお客様の満足度やリピート率が非常に高いそうですね。

兒玉　顧客リピート率は九五・七%を記録しています。

山中　その要因はズバリどこにあるのでしょうか。

兒玉　もちろん本物の技術とノウハウを構築していることもありますが、やっぱり人と人との関わりの中での商売ですから、そこにどういう社員がいるか、どういう思いや態度でお客様に接しているかが最も重要だと考えています。

私は自分の仕事は社員教育がすべてだと思っていまして、全国の社員を集めて直《じか》に話をする全体ミーティングを九一年から続けています。最初は年四回やっていましたが、九八年からは二回を全体ミーティングとし、あとの二回はボランティア活動をする。技術系の社員は、病院で寝たきりの患者さんにシャンプーやカットをして差し上げ、事務系の社員は、病院内の車椅子や点滴台の掃除をしたり、地域によっては、献血活動などを行っています。

全体ミーティングでは、各界の一流の方々をお招きして講演をしていただく。『致知』でお馴染《なじ》みの村上和雄先生にも何度か来ていただきました。あとは、私が一時間半くらい理念や事業に懸ける思いを様々な角度から話します。長年にわたって愛用されているお客様の信頼や信用に対して愛情を持ってほしいと。それがよりよい企業文化を築き上げていくと思っています。もちろん大事なことはいろいろとありますが、私は主に価値観、ビジョン、習慣、挨拶、この四つに絞って話をしています。

山中　スタッフのモチベーションを上げるにはどうすればいいか、私も腐心していますので、ぜひ詳しく教えてください。

兒玉　価値観やビジョンは我が社の行動理念と行動指針によく表れていると思います。

「われわれは『美と健康と環境』の分野を中心に　世のため　ひとのため　お役に立ち　人々の生活をより良くする仕事を通じて　明るい社会を築き上げるために貢献する　すべての行動は　この目標を達成することにある」

「イキイキ　ワクワク　ありがとう　私たちは生きる希望に溢れ　夢と感動を共有し　感謝の心を忘れない」

この思いを全社員で共有するように、徹底しています。

それから、習慣。習慣が変われば性格が変わる。性格が変われば行動が変わる。行動が変われば運が変わる。運が変われば人生が変わる。それだけよい習慣というのはものすごく大事なんだよと。

かといって、そう難しいことではないよと。例えば、公衆の人の集まる場所でトイレに行ってスリッパが乱れていれば、そのスリッパを次の人が履きやすいように直してあげる。廊下を歩いていてゴミが落ちていれば拾う。こういうことでいいんだと。小さな実践の積み重ねが人生を変えることになると話しています。

山中　ああ、なるほど。

兒玉　それと、挨拶の話もよくします。挨拶はもともと仏教の言葉で、「挨」は叩く、「拶」は開くという意味があるそうですね。

自分から「おはようございます」って挨拶するのは、自分の心を開いて相手の心の扉をノックすること。それに対して「おはようございます」って返ってくれば、相手も心の扉を開いてくれた証拠です。だから、相手を思いやる心で挨拶することが大事だと伝えています。

毎回、全体ミーティングやボランティア活動が終わると、全社員から感想文が私宛に届きます。国内の全社員六百名ほどの感想文すべてに目を通しますが、私自身が社員の感想文にハッとさせられることも多々ありましてね。非常によい気づきと学びの場になっていると感じています。

そういうことを積み重ねていくことで、徐々によい社風が築かれていき、企業文化が生まれてきました。社風や企業文化というのは木でいえば根っこのようなもので、根がしっかり張っていれば苦しい状況に直面してもそう簡単に倒れることはないですね。

私はよく「経営とは経世済民《けいせいさいみん》ですから、人々を救って、世のため人のために貢献すること」「感動の量が売り上げになる」と言っていますが、やっぱり社員が幸せでなければお客様に感動を与えることはできないし、世の中に貢献することもできません。

よりよい人間関係の中に よりよい自分がある

兒玉　社員教育ともう一つ、大きな転機になったのは、編み込み式増毛法を発明し、我が社のウィッグづくりを手掛けていたドイツのカーリン社を買収したことです。

当初は百%カーリン社に製造を依頼していたのですが、カーリン社長には子供がいませんでした。奥さんと二人で築き上げてきた会社、世界中から喜ばれているエキゾチックな事業を一代で終わらせたくないと。それである時、ぜひ兒玉さんに後を継いでもらいたいという話があったわけです。

それが一九八九年、会社を始めてまだ四年ですから、そんな力はありません。幹部はみんな反対しました。ただ、その時私はこう思ったんです。もしカーリン社が人手に渡って、うちには技術を提供しない、あるいはこの事業をやめてしまうことになれば、我われは砂上の楼閣《ろうかく》で仕事をすることになってしまう。それに、私のことをブリューダー（兄弟）と呼んで、慕ってくれているカーリン社長を裏切ることはできない。

　そこで覚悟を決めました。二年半にわたる交渉の末に、カーリン社を百%買収したんです。結果として、そのおかげでグーッと売り上げも伸びていきました。だから、私は仕事をする上で人間関係こそが最も大事だと思うんです。

山中　兒玉会長の誠実なお人柄が素晴らしい人間関係を呼んでいるのでしょうね。

兒玉　それは分かりませんけど、私は「よりよい人間関係の中に、よりよい自分がある」、これをモットーにしています。自分が停滞していれば、それに相応《ふさわ》しい人間関係しかできない。自分が勉強して成長すれば、素晴らしい方々との人間関係の輪が築かれる。

　ですから、若い人たちによく言うのは「出る杭になりなさい」と。仕事でも人間関係でも、自分よりレベルの高い人に会う。そのために勉強して、努力していく。

　私が山中先生にご連絡をさせていただいたのもそういうことなんですね。

目の前の仕事に一所懸命尽くす

兒玉　きょうは「人生の要訣」というテーマですが、山中先生は何が人生を成功に導いていくと感じておられますか。

山中　これは兒玉会長の本を読んで非常に共感したことですけど、やはり目の前の仕事を大切にすることがとても大切だと思います。

　医者だった頃の話ですが、当時は医局制度というのがありまして、私たち医者は教授の命令次第で、勤務する病院が二年ごとに替わったんです。患者さんがたくさんいて、手術の数も多い都会の最先端の病院に行くこともあれば、患者さんがあまりいない地方の小さな病院に行くこともある。

　で、ある時、尊敬していた先輩にこう言われました。

「どんなところに行っても患者さんは必ずいるんや。ほとんど手術ができないような病院に行って腐っているやつもいるけど、そこにも困っている患者さんはたくさんいる。だから、目の前にいる患者さんのためにできることを一所懸命やれ。そうしたら、見ている人は絶対に見ていて、次の展開が変わっていく」

　当時は若かったのであまりピンと来なかったんですけど、いまは本当にそうだなと実感しています。

兒玉　目の前の仕事を一所懸命、集中してやる。これはものすごく大事なことだと思います。

　また、他人が見ていないところで努力する人は必ず伸びていきますね。私は数百人の選手を見てきましたが、一日六、七時間の決められた練習があって、それが終わってみんなが帰った後、三十分、一時間と、プラスアルファの努力をできるかどうか。それが一流と二流を分ける差ですね。

山中　それと、兒玉会長の本を読んでいて特に共感したのは、「言葉には力がある」「まあいいかと言っているうちはダメ」だと。

兒玉　「まあいいか」と思った瞬間、その人はそれ以上勝つことはできません。一度それを許せば、いつの間にか人生すべてが「まあいいか」となってしまう。そうなると成長が止まるどころか、どんどん衰退していってしまうんです。それほど恐ろしい負の呪文ですね。

　だから、「まあいいか病」に罹ってはいけないし、罹ってもすぐに気づいて治すこと。それが人生を成功に導くと思います。

山中　自分で自分をダメだと言ってしまったら、本当にそこで終わりですよね。iPS細胞の研究過程においても、いろいろな困難が次から次へとたくさん出てきて、本当にへこたれそうになりました。けれど、絶対に乗り越えられると思って前に進んでいくと、不思議と乗り越えていけたんです。

成功の秘訣は「VW」にあり

山中　私がアメリカに留学していた時、恩師から研究者として成功するための秘訣は「VW」だと教えてもらいました。ビジョンとワークハード。非常に単純な教えですが、日本人はワークハードは得意な民族ですので、大事なのはしっかりとしたビジョンを持つこと。そして、ビジョンを周囲に公言することが大切だと思うんです。

　人に言うと、もう引き返せなくなりますし、中にはそのビジョンに共感し、サポートしてくださる方も出てくる。実際、ｉＰＳ細胞の研究をしている時、「それは難しいと思うけど、頑張ってみなはれ」ということで、研究費を支援してくださった先生もおられました。だから、一旦《いったん》ビジョンを定めたら声を大にして宣言することが大切だなと思います。

兒玉　強い言葉からは強い結果を得ることができ、反対にいい加減な言葉からはいい加減な結果しかついてこないんですよね。

山中　それから私はまだまだひよっこですが、うまくいった時には「おかげさま」、うまくいかなかった時には「身から出たサビ」、やっぱりこの二つの言葉が大事だと思います。

　いざそういう状況に直面すると、つい逆のことを思ってしまいがちですが、そうならないように心掛けています。これはどんな職業にも当てはまる、まさに人生の要訣といえる言葉だと思います。

兒玉　私は人生を決めるのは能力ではなく、絶対諦めないという性格、熱意だと思うんです。だから、私は社員を昇格させる時は、才能よりも情熱を買うんですね。この会社が好きだとか、この仕事が好きだとか、これをどうしてもやりたいという強烈な思い。

　そういう熱意は自分を動かすし、他人をも動かします。熱意があれば山中先生のように、必ず新しい発見や発明、独自のアイデアが出てきて、道が開けていく。人生において何かを成し遂げようとする時に、最も大事なのは熱意だと思います。

強い言葉からは強い結果を得ることができ、反対にいい加減な言葉からは、いい加減な結果しかついてこない。　兒玉

「生き方入門」初出一覧

京セラ名誉会長 **稲盛和夫**　作家 **五木寛之**
何のために生きるのか
『致知』2004年8月号

本居宣長記念館館長 **吉田悦之**
ワンポイント 偉人の生き方に学ぶ①　本居宣長「恩頼図」
『致知』2010年2月号

地場イタリアン「アル・ケッチァーノ」オーナーシェフ **奥田政行**
日本料理「賛否両論」店主 **笠原将弘**
成功への光へと歩み続けて～こうして未来をひらいてきた～
『致知』2015年3月号

安田不動産顧問 **安田 弘**
ワンポイント 偉人の生き方に学ぶ②
安田善次郎「身家盛衰循環図系」
『致知』2009年4月号

シンクロナイズドスイミング日本代表ヘッドコーチ **井村雅代**
本気で向き合えば可能性は開ける
『致知』2016年12月号

諏訪中央病院名誉院長 **鎌田 實**
ワンポイント 感動秘話①　お母さんから命のバトンタッチ
『致知』2012年7月号

上智大学名誉教授 **渡部昇一**
幸田露伴が教える運を引き寄せる要訣
『致知』2016年10月号

志ネットワーク「青年塾」代表 **上甲 晃**
ワンポイント 感動秘話②　マザー・テレサと松下幸之助の教え
『致知』2016年10月号

生命科学者 **柳澤桂子**
公益財団法人国際全人医療研究所代表幹事 **永田勝太郎**
人生はあなたに絶望していない
『致知』2015年12月号

先哲の語録に学ぶ生き方の知恵①　東洋思想家 **安岡正篤**
『安岡正篤一日一言』

相田みつを美術館館長 **相田一人**　臨済宗円覚寺派管長 **横田南嶺**
相田みつをの残した言葉
『致知』2017年5月号

先哲の語録に学ぶ生き方の知恵②　哲学者 **森 信三**
『森信三 運命を創る100の金言』

日本相撲協会巡業部部長・理事 **尾車浩一**
【インタビュー2】　怒濤の人生～かく乗り越えん～
『致知』2013年9月号

先哲の語録に学ぶ生き方の知恵③　仏教詩人 **坂村真民**
『坂村真民一日一言』

日本を美しくする会相談役・イエローハット創業者 **鍵山秀三郎**
後から来る者たちへのメッセージ
『致知』2015年11月号

先哲の語録に学ぶ生き方の知恵④　京都大学元総長 **平澤 興**
『平澤興一日一言』

京都大学iPS細胞研究所所長 **山中伸弥**　スヴェンソン会長 **兒玉圭司**
人生を成功に導くもの
『致知』2016年10月号

※その他の記事は、本誌初出

生き方入門
平成29年12月1日第1刷発行

発行者	藤尾秀昭
アートディレクション&デザイン	FROG KING STUDIO
発行所	致知出版社 〒150-0001 東京都渋谷区神宮前4-24-9 TEL(03)3796-2111(代)
印刷所	凸版印刷株式会社

ISBN978-4-8009-1165-0 C0095